Béla Bartók Mot Tredje Riket

巴托克：

独自对抗第三帝国

[瑞典] 谢尔·埃斯普马克 Kjell Espmark / 著

王晔 / 译

世纪出版集团 上海人民出版社

Béla Bartók Mot Tredje Riket

前言

　　单独的一个人能抵抗强权吗？贝拉·巴托克[①]相信可以。和遭受希特勒纳粹政权迫害的犹太艺术家团结在一起，他要求给算作"自愿的犹太人"。他也要求自己的音乐被称为"颓废的"，这是对宣传部长戈培尔的不可饶恕的挑战。可巴托克坚信他的孤独抵抗里的力量，将自己和家人的生命置于危险。在这本书里，我们遇见的是1940年的一天，往美国逃难的途中，在法国南部的巴托克。

---

　　① 贝拉·巴托克（Bela Bartok，1881—1945），现代最重要的作曲家之一。生于匈牙利的纳吉圣米克洛斯，自幼习音乐，十岁登台演奏自作钢琴曲。毕业于布达佩斯音乐学院，1907年任该院钢琴教授。1905年开始匈牙利民歌的收集、研究工作，并将研究范围扩大到东欧、北非和土耳其，收集民歌三万首。他对民歌加以分析，写有三部论著。民歌研究对其音乐风格产生影响。主要作品有歌剧《蓝胡子公爵的城堡》，舞剧《奇异的满大人》，三部钢琴协奏曲，六部弦乐四重奏及许多乐曲、钢琴曲。经历两次世界大战，受法西斯迫害，1940年流亡美国，后因白血病客死他乡。

巴托克也相信音乐是对抗那压倒性强权的真正威胁。"几个四重奏的节拍果真能站在坦克行进的路上吗？"他问自己。他自答：一个站在官僚和军事控制之外的艺术是构成对强权的明确威胁的自由个体。并且，在音乐中，这孤僻的作曲家跟随了自己的道路，朝向那给他后来的作品烙下特点的简单、明确和空间。

从这本凝练的书里，我读出的是某种意义上的双重肖像。从巴托克的图像里，我觉得能看到谢尔·埃斯普马克——我丈夫——加上了从自己的个性和艺术喜好中拉出的重要特征。比如说，他让巴托克有了惊人的听力。这使巴托克在他的录音旅途中可以根据他们自己的条件遇见那些农民，感知他们给他的音乐里的精细味道。然后，他为这音乐获得公正的评价而奋斗，"带着爱和尊重"，将其纳入自己的作品。

以同样的方式，谢尔接近了那些他在自己作品中描绘的人物。个人的特写镜头是他大量作品中的关键线条。贝拉·巴托克和谢尔的系列小说《失忆》中的七个主人公在一起。同样也和许多知名和不知名的，那些出现在谢尔的《黑银河》或《狼时间》里的人物在一起。巴托克的肖像基于详尽的资料而塑造。却因为对音乐家思想和情感的侦听而有了生命和深度。这肖像打上了谢尔对自己热爱的音乐的作曲家的同情的印记。

我也以为，巴托克对权力的"无意义的抽象"的批评——那剥夺人的个性的——和谢尔有时对当下瑞典官僚主义者的批评有关。当个人的命运和私人的灾难减化为权力设备可操作的符号和数字时会发生什么呢？巴托克在书的最后对自己的审讯，我当然能认出来！"他对他的生命做了些什么？"他问他自己。以同样的方式，谢尔在两本新近的作品中审视了自己的潜在动机，《记忆说谎》及《狼时间》。在那里，他拨开了所有的浮渣——那遮盖了最下面的真实的——一个简单的木板，最终可以站立。

同样地，我也看到，巴托克追求的形式的严格也对应着谢尔自己的风格理念。他的小说从来都不长。故事集中于那最精华的。多余的字眼和短语全部削去。这让文字绷紧，有时这是费力的。同时，多读上几回，每读一回，都能获得新发现。

也许秘密就在于，那宽大和包容的想像力打开了存在而未想到的生活层面——巴托克是，谢尔·埃斯普马克也是。在这本书里有一个作家自己体验的，却让巴托克接管的一个清晰的印象。一次他睡在一间古老的农舍。入夜，他的屋子里闹起鬼来。充满了各种声音：哀号、唠叨、窃笑、警告和争吵。他发现，声音来自壁炉里薄薄的风门。主人拒绝了他理性的解释。自然，他得到了个教训。也许那风门，是帮助死去的和幸存者找到联系的装置。他自己不就是让逝去的站在我们面前的工具吗？

谢尔·埃斯普马克的生活和写作的座右铭是"largesse"——一个法语表达，指对不同的性、民族、社会阶级和年龄的广泛慷慨。在贝拉·巴托克的肖像中，他让作曲家表达了同样的观点："征服势力的语言是区别，他的是架接桥梁、兄弟情、感性的直观性。"

Monica Lauritzen

莫尼卡·劳瑞琛 ①

---

① 莫妮卡·劳瑞琛，1938 年生。电台节目制作人、作家。曾任哥德堡大学英语文学副教授。至今，她出版了两本传记文学，关注女性命运。其中 2012 年版，关于一名和斯特林堡同时期的瑞典女作家的传记《真理的道路——安娜·夏洛特·莱芙勒的生活和创作》获瑞典书籍最高奖奥古斯特奖非小说类提名。劳瑞琛在瑞典电台做文学节目时，和同事一起创设了瑞典电台小说奖。

当巴托克正举杯祝酒，他意识到，敌人已追上了他。他的手僵住了，即便是手指也能明白这关系到他的性命。还有她的！他朝妻子那边倾过身子，遇到她毫无疑虑的眼神。显然，她一点儿也没意识到那停在广场另一边的，刹车时过于急促，以致轮胎和地面摩擦出一阵咆哮的黑色汽车。那越过摇下一半的车窗监视他的人，巴托克对他们的身份毫不怀疑。

他们的逃亡就要终止在这尼姆①吗，离边界这么近？他的肚子痉挛。他将毫无疑问地被送回去，那样的话，等着他的会是集中营吗？

对戈培尔②的抗议当然是不可原谅的。

_____

① 尼姆（法文：Nîmes），法国加尔省省会。
② 保罗·约瑟夫·戈培尔（Paul Joseph Goebbels，1897—1945），纳粹德国国民教育与宣传部部长。

他试图用余光观察追踪他的人，而不是把头转过去朝着他们的方向。他是否该把交错地搁在盘中鱼骨架上的刀叉重新拿起来，假装再吃上那么一星半点，表示他漠不关心？不行，僵硬的手不听话。

视野所及，他看见方向盘后头的男人点了支烟，点烟的同时也没把眼睛离开他。这男人和坐在他身旁的人，看来在盘算着什么计划，他们将帽子压住前额，似乎这样就不会被看见了。一定是法国人，法国的这一地区当然是未被占领的，还没有。但这是个被羞辱了的法国的残余，让得胜者的推进正当化：毫无疑问，这里的人是贫血的、退化了的一族，不值得提及自己光荣的过去。车里的法国人自然是些个同路人，为那日益残酷的国家卖力，"无意义"中自愿的一部分。脸上已明显沾上狼的特征。

给巴托克夫妇服务的老板娘，每端上一道小菜都叹口气，烦躁得很。她的第一句话是：你们没定量供应卡吗？老天，你们到底是打哪儿冒出来的？不知道我们这儿的人在挨饿吗？法国，il ya la disette①，要两张券才好

_____
① 法文，供应短缺的意思。

呼吸，要三张才可以看得见。

　　他知道。在这越来越"无意义"的大陆上，在任何地方他自然都是在家里，每条街都是手上孤独的掌纹。

　　车里的男人们在和他玩一场残酷的游戏。其中一个冷笑着的，抬起手枪，快速上膛，然后，打开门，一只脚坚决地踩在街上，但他停留在那个位置。

　　他们可以玩弄他的恐惧，不必觉察顺着他的脊椎的颤抖，不必困扰于他太阳穴那里冒出的汗。这 1940 年 10 月晚间的任务，让他们例行公事地分裂成两部分——一是"任务"这概念，一是残暴的细节。他们将其"举措"自由于一切尴尬的确定性。他们触摸的一切都成为抽象的。这里的这个人不是来自布达佩斯的钢琴家和作曲家，他的音调语言在普斯扎 ① 的村庄中并没有扩展着范围。他是个没内涵的数字，边上有标记：自愿为非雅利安人。他的抗议，那最终指向戈培尔的，关于他未被列入杜塞尔多夫的"颓废音

---

　　① Pustza，匈牙利大平原的一部分。多瑙河中流的平原地带，主要在匈牙利，也包括捷克斯洛伐克、塞尔维亚、斯洛文尼亚、奥地利的一部分。本是森林茂密的地方，在奥斯曼帝国时期，乱砍滥伐，洪水泛滥，经河川改造，这里成了匈牙利的粮仓，种植小麦和向日葵，也有被列为世界遗产的国家公园。

乐"① 展览中的抗议，自然打着犹太人的标签，一个自愿的犹太人！人没法比这更接近于自杀了。

巴托克的关节在疼痛——是关节炎又发作了吗？不，这一次，它更像是种感觉，感到拉过骨头的虎钳的威胁。是他的手有危险吗，他想起非洲旅行中的一个画面，那次跟随他的两个女人不得不背负那些重重的行李。他的手当然要保护——钢琴家的手。那灰色的，带着肉食动物的知觉，嗅着每一个薄弱点——他的手，当然。他听说过手指在虎钳里慢慢、慢慢地被夹紧，直到开始被喀嚓夹碎。喂，现在是该开口的时候了吧？在这一密谋中总该有另一些人，另一些自愿的"颓废者"。六年前，在斯德哥尔摩的音乐会上，他把自己唤做"文化布尔什维克"，这可没逃过情报部门的注意；他是贝拉·库恩② 所幸短暂的匈牙利苏维埃共和国时代音乐委员会的成员，这自然也没逃过。难道这会是个非政治的位置？哼！巴

---

① Entartete musik，颓废音乐。Entartete Kunst，颓废艺术。纳粹将近代美术看成是道德、人种的堕落的产物，是对德国社会和民族感情有害的，需禁止，由此推出颓废作品展。被批评的艺术家被迫离开原来的职位，或不能从事艺术活动，或流亡。

② 贝拉·库恩（Kun Béla, 1886年2月—1939年11月），匈牙利共产主义革命家，匈牙利苏维埃共和国的主要创建者和领导者，犹太人。

托克以为他们会是幼稚的吗？

　　是这个时候，他觉察到他们的恐惧。他听见车里男人们加快了的脉搏，感觉到冷却了的汗水的气味。从他自己的手上感觉到那些拳头里的不安，把手枪从左移到右，又移到左。

　　到底是什么让他们如此害怕，这两个几乎占领了整个欧洲的"无意义"的参加者？他的音乐真能对这压倒性的力量造成威胁吗？在这种情形下……

　　思绪被一个遥远国度的愤怒的信号打断。他有种感觉，那是来自斯洛伐克——那片土地，是他找到的最富于民歌的地方。也许是来自那小村子，有座很小很小的教堂，但连一家酒馆都找不到，在那个村子，他得在谷仓里录制农人的民歌，其后，裤管里带着谷粒回自己的屋。那小小谷仓里的人有三十个吧？总之，空气变得那么浓厚，他简直可以用手指去揉捏它。那是怎样的一种亲密感觉，在那采歌过程中产生的！假如现在是这些人在寻找他，让他们焦虑的到底是什么呢？他竖起耳朵倾听。

　　黑色雪铁龙里的密探惊恐了。他们的车上很可能有跟踪无线电讯息的设备。但巴托克似乎察觉到信号从不同的方向来回交错，甚至可能是从未来。带着在空间中的意想不到的频率变化和运动，世上没有一个窃听者来得及测定出这信号的位置。

这可怕的听力，一度不过是灾难，迫使他把工作室放在房子的最深处，一个隔离开的地方，振荡开远处的声音和脚步——现在这过分的敏感不已成了他的力量吗？灰狼不能阻挡，甚至也不能审查这抵达了他那过于敏锐的耳膜的来自远处的信息。

他们不能阻止，但或许会解除武装。他的敌人知道如何把每一个事件分割成这里一个无实质的记号，那里一个无意义物质的艺术。把玩着刀的抑郁。切面的一侧是裸露的概念"黄昏"，另一侧是难以想像的立刻降临的黑暗。他和他们之间的大街上的每块鹅卵石都是抽象的，既缺少光泽也缺少粗糙。没有意义。

信号是强大的，但不清晰。听来像是一个巨大的袭击和一个无法估量的绝望。好像是枪托……现在……进入了小教堂。

密探们好像在苦思冥想。这荒谬的听力到底是怎么回事？他们的疑问没有答案。他自己也弄不懂。他那有了年头的让他苦痛的对声音的敏感，现在，在这逃亡中已占据如此大的比例，以致，他已能捕捉到数百英里之外的哀叹和威慑了吗？与此同时，这敏感看来是有选择的，它毫无损伤地穿过整个的噪音、波动和啸叫，将制音器装在所有来自整个大陆和统治者的无关噪声上，只收取相关信号。或许，这不是什么声学问题，而是拿他精细的听觉做帮助的某种富于远见的理解？一个幻觉般的能力，在他敏感的感觉器官帮助下，投射了他的视觉？他放下问题，像放下刀叉。和金属一样无趣。现在远方的人们那里发生的一切以某种无法理解的缘由存在于这里，于当下。这要求着他。

远方非常有侵袭力，同时，它也必须冲破一个强大的干扰带。信号来自严格区分符号和感性生活的灰狼帝国最偏僻的角落。只有他感官的敏感反应能感觉到那刮得稀薄的声音里痛苦的真实，正走向枯竭的声音是那么就在当前，他的皮肤和眼睛能感受到他们的绝望。难以想像的事随时都会发生！

对车里的男人来说，这远处的噼啪作响的绝望丧失了所有的感知性——不可理解但易于处理。他被一个易碎的愤怒所摇动。他们不是人类，他们的语言是区别。他们将人类区别于他们所谓的人。他们将恶臭的烟和他们的"举措"分开。这么一来，一切都成为可能。

现在信号平息了，但他确信很快它们就会再来找他。为这远方的信息，他显然得准备好和他的敌人对抗。他罕有的用感官去把握的能力对面，立着的是他们把存在转成无意义抽象的可怕力量，"标准和步骤"，没一丁点烧焦了的肉的恶臭。

他是一团 49 公斤的愤怒，带着火焰而不是凝视。他们会在他那里发现一个永不放弃的对手。他的遗嘱也规定：只要匈牙利还有一条街背负着野兽的名字，就不得在墙上装任何和我相关的纪念牌，任何广场也不得借用我的名字。

这些字眼中并没有任何自我欣赏。这和正直有关——但这正直是很多人的。不，他个人的生命是无关紧要的。他曾对着镜子自问，我是谁？他对这问题耸耸肩。寻找自己的面孔的音乐已不是音乐。

但他和他的经历，不在他的音乐语言里吗？当然在。不过，他试图把握的是某些超越个人的，某些还不存在的。他的工作是不知疲倦的尝试，以对那仍然未知的给出个轮廓。他知道的是，他摸索的是逆风而上。这带来阻力。

　　他不是哲学家。他借助钢琴思考。琴键上他的手指尝试出新的思虑——是四重奏和管弦乐作品可以适时地体现它们的。贝多芬难道不也是这样的吗？在黑白的琴键上他能找到音序、和谐和反抗的新可能性。这些手指的想法带着感官的振动，狼人们控制不了它们。

　　近来他的手思考出了一种新的、成熟的简朴。不是民歌那种幼稚的直接——人不能走回到过去——而是走过了复杂，走到了另一端的简单。一种捕获了经历、视觉和责任的简单，但依然是简单的。感官上是简单的。

　　现在够了。男人中的一个起身站到了车外。他抬起枪，朝上边吹口气。然后，他走了不确定的几步。

　　那步子说：孤立的个人真他妈不能反抗一个残忍的超级力量，一个刚刚镇压了整个大陆的超级力量吗？

　　不能么？

49 公斤的愤怒。自然，他们以为他们可以吹走他，狼的一声鼻息就好叫他远远滚到路边，再扬起在灰尘里。他们忽略了一个事实，他有根，强大的农民的根。在狂热的追踪中，他们一定想弄清他的地下军械库，弄清那些不知道的源泉，那很可能是在他那样的挑衅背后的。但他们一点也没观察到，他那长期艰巨的试图揭示音乐的过去的工作。然而，现在他听见这些根的活动，一个记忆中的影像闪过：

是这样的狼人们难以接近的一天。他在一个小村庄，离人类生活不能再远的乡村，在匈牙利的一个偏远地方，几乎不能说是匈牙利。这里既没学校也没教堂，抵达这里的路一片泥泞，在这里，摇摇晃晃的敞边马车陷在泥里，被赶来的农民推出来。马瘦骨嶙峋，像是在瘟疫的寓言里。但不管怎样，他抵达了村里，装替换衣服的小旅行箱、蜡布面的笔记本在手上，留声机在背包里；那闪闪发光的黄铜喇叭不得不露在外头。在这里，他遇到的是一个裸露于风雨的录音场所。整个房子包括一间厨房，一间巴掌大的木匠工作室。房顶破破烂烂，人们说话时，天空就在近旁。但白色的石膏是有人来访前改进了的，泥地也仔细清扫过。

全村的人就聚集在这里。有期待，更有对设备的恐惧，那能吞下声音的，也许不仅是声音，一定是魔鬼的发明。他们得把音乐带到聚会中来，是这么说好的，为保险起见，他们还穿上了最好的衣服。高雅地点着头的城里人一般称这样的衣服为民俗服饰，捏着面料，发出赞叹，对配色和刺绣佩服地嘀咕。一两个男人甚至穿了长靴，而多数妇女打着光脚。一个男人在喇叭前立正敬礼。女人们吃吃地傻笑着，而气氛依然低迷，一只脚尴尬地摩挲着另一只脚。

和这样一群害羞的人一个个地谈话，一定会容易些。但尽可能召集更多的人又是必要的。首先，那样的话，一个人可以对另一个人的表演有反应，轻轻推动记忆奔跑起来，补充一个丢了的但非常重要的语词或旋律的片断，是的，没准还能冒出个本会遗漏的歌谣。另外，也就是在这样的大聚会中，才能理解音乐在村庄生活中的作用。

同时，他得判断这私人的源泉，把录下的声音和年龄、性别、职业、说不定还有教育、经济状况、村里的名声联系起来。目的在于尽可能好地重现这闪烁着音乐的巨大织物。

聚集着的村民盯着他的脸。他是来拿他们开心的吗，拿他们以及他们的音乐开心？他们对面前这体面的布达佩斯来的先生和他狡猾的机器很是怀疑。他以为他们会吞下这样的解释吗——他是来收集他们质朴的旋律的……哦，不，我们很清楚，他们中一些年长的嘀咕道。他一定是首都派来征更多的税的。他想引诱他们说话，表现出家里都有些什么，他就可以断定，政府还能再挤压他们多少。屁话，他们中一个年纪较轻的说，其他人还没弄明白吗？这正是要给他们上新税，给他的音乐。所以，这先生才要把他们可怜的民歌弄出值钱的样子来。但他不会得逞的！

不，这里的人对外头的世界没任何经验，他们甚至不识字，但他们会歌唱。

然而，首先，他让这一地区的骄傲回了家，那是个出色的小提琴手，在集镇上的咖啡店里都演奏过呢。村民们吃惊于体面的绅士把提琴手的音乐叫作吉卜赛音乐。取而代之，他要听的是他们自己的简单的调子。这真让人不习惯，有些难为情。一个成年男人真是很难开口哼那年迈的奶奶把自己放在膝头时唱过的调子。要这样让自己蒙羞，光是想到这可能性，就让人脸发烧。

结果有几个年老的妇女为这几个小时尽了力，既然被请到了这儿，而且这些上了年纪的人已喝了一两杯烈酒。她们带着粗糙的，稍稍刺耳的嗓音唱着，机器边的男子严肃地看着破损的天花板上的天空。在一个又一个乐音中，燕子迅疾地飞出飞进：一首永恒的赋格曲。

他给他们播放第一批录下的音乐，唱歌人听到自己的声音，紧张的感觉才开始释放。一个约70岁的男人这会儿保证，假如明天的吃喝和今天的一样好，明天，他就一定唱。一个年纪稍轻的男人鼓起勇气，抱着他的小提琴上前，用意想不到的五音音阶步伐拉了曲悲哀的旋律。

巴托克着了迷，这样的音乐才是匈牙利的。这些磨损的调子，给一个又一个婚宴调了味，给一场又一场葬礼消减了哀伤，但从来没被当回事。那些根。

在这里和农民一起的工作给了他前所未有的快乐。问题是，他把这些音乐从村庄和田野中分离出来时，怎么才能成功保存旋律中的香和涩。伴奏将努力重置这有缺失的框子：马鬃的温热，犁摩擦石头的声音，小河边姑娘们咯咯的笑，麦田上吹动的风浪，敞开的墓穴口低垂的头，苦艾的味儿捻碎在歌者出汗的手里。

稀奇之处在于，这音乐恰恰是和这地方紧密连接着的，这里有多石子的村庄小路，这里弥漫着粪肥的气味，但同时，这音乐也自由地漫游在武断制定的边界线——有时是罗马尼亚的，有时是匈牙利的，有时是斯洛伐克的。就像植物的种子随风飘散，有时在这里，有时在那里扎根，但一直都见证着跨越了那地图上疯狂的红色国界线的亲缘关系。

他过夜的地方自然是比木匠的小屋好多了。他有自己的一间房，有未损坏的屋顶，新擦过的玻璃窗，如果需要，还可点上壁炉，而那一家人，却挤在另一个小得多的房间里。

夜里闹起了鬼。他从没碰到过这样的事，不过，他也从没深入到这样的国境最远处。

他的屋里有哼叫和哀鸣，好像全村所有失落的不幸的魂灵都出来找他了，同时，好像风卷入了屋里，残破的窗子，窗框震动，咣当作响。他蹑手蹑脚地起来，微微打开那睡着的一家的房门，查看这声音是否来自那里。但他们都静悄悄沉睡在黑暗里，有人轻轻打鼾。他小心地关上门，小心地，期望他屋里的声音不至惊扰了那沉睡着的。

他醒着等待天明，一面听着那些声音，有时是哀号和唠叨，有时是窃笑，好像是有人说了个笑话，有时是他从没听到过的伤感的歌，有时是威胁和警告，有时陷入猛烈但低沉的争吵。当天色亮到他开始辨识出房间里的物件，他起了床。鬼魅们的声音，继续着，也没减弱强度，好像那些死去的就聚在壁炉那儿。

这时候，他明白过来。

他把手伸进壁炉门，那里有个风门，一个薄薄的小铁片儿，他把铁片拉出来，一些铁锈落在手指头上，声音消停了。

他把铁片插回原处，噪音就重新响起来。他可以拉出那颤动的薄膜，调节那一旦全部拉出才沉寂的声音。

这现象因此有了个自然的解释，他这样在早饭时间和这家人说笑。他们不喜欢他的解释。不，他们带着敌意盯着他。他们有他们的信仰。不想和那些在刮风的夜里来到的死者们断绝联系。先生大可收拾机器回家，也带上他的解释。

他放下杯子，很是震惊，不是震惊于他们的反应，而是震惊于自己不知情的直率。他们自然是对的，是他用自己苍白的理性发言去反对了更好的判断。

他从未想到过去的无力。那些逝去的怎么能够让后人听见，大体上，他们怎么才能抵达活着的人，假如他们不是试图从每一个缝隙中钻出去，把每一根头发当作人行桥，让每一只小小的昆虫，把他们驮在背上度过边界。他无法想像这种可能性，一片生锈的风门，像脆弱的乐器一样敏感的，可以作为和活着的人的世界交流的通道。带着短视的感知，他忽视了一点，那些死去的，想尽一切办法要让他们的孙子或一个来访的陌生人——假如没其他人在旁边——至少有那么几分钟能察觉到，曾经，这是他们的生活。他们残留的声音找到了这乐器，它的振动能背负他们精神上的向往，给后世一个哭诉和警告——在这个他们自己被拒绝了的后世里。

难道，这不正是他整个的采风工作所要寻找的吗？这颤抖的风门只给了他一把钥匙，通往那他用智慧明白，但还没用感官体察到的。

正是这样的过去找到小提琴的琴弦，以抵达听力的王国，带着最大的努力，要传达一种音乐，让演奏者惊人。这些死去了的在年迈的农妇吱吱作响的呜咽声带中找到了自己，不只给歌唱者一个怀旧的认知的微光，也给他们投下一束困惑的担忧：这意外的、奇怪地富于沧桑的乐音从哪儿来？是借助这些临时的，有些无助的媒介，死者壮观的音乐冒了出来。

然而，从过去走向今天的人行桥狭小而危险，只有最有必要性的才能穿过。就这样，这些旋律越过边界——荒芜、严峻、被剥夺了繁杂的添加物，但还是无忧无虑，事实上，常常是幽默的。

在这一切面前，他的任务是双重的。首先，他必须仔细地做一份音乐评定报告，细致到人力能细致的程度。每一个变种都该注意到，每一个异常的版本，自然也都是死者想说话。细致必须是无情的，这是为虔敬所要求的。在记录之后，他必须带着爱和敬重，把这声音纳入自己的音乐。带着克制的激情，正是如此，"距离的悲怆 ①" 像尼采说的，在他的艺术中给过去一个正确的位

---

① 德语 Pathos der Distanz，英语 the pathos of distance。

置，这是非常重要的。让他的音乐从根里冒出来。

这幸福，这份晴朗的幸福！采风的工作，和农人的碰面，对他们音乐的研究，对他来说，成了将自己拽出狭隘的自我的方法，终于，可以冲出自我。

狼人们狐疑地嗅着，但嗅不出他的根。或者，他们能钻进他的回忆吗？在他的过去，这里或那里，会有狼的毛发和粪便吗？这是真的，他回忆的是……以某种方式变细，就像灰色的抽象也抵达了他的大脑。是他的回忆事实上已处于被侵蚀的半途，或许最终要被占领了吗？这是个麻痹的想法。

但这会儿，这想法似乎要嘲笑他。笑话这狂热的收集者是容易的，他常将他的雪茄盒子塞满世界各地的钉着的甲虫，像孩童一样捉蝴蝶，迷恋于购买华而不实的挂毯、粗笨的木雕和农人的陶器。现在是一束被遗忘的旋律，在普斯扎偏僻的角落，是文化最精美的作品。这其实是很滑稽的。更别说这个一米六四的小个子研究者穿着西装，打着领带，戴了帽子，臂上披着大衣做实地调查。那双小小的柔软的靴子，也不能不提。那最能提起征服者嗅觉疑惑的，是他从不离手的拐杖。

拧下拐杖的手柄，非常真实的——这谦和的研究者手上突然有了把尖锐的匕首。为了对付村里狂怒的狗，他说。但可能也是另一年用来对抗狼的。

现在他们还在，在他的过去里嗅着。幸运的是，是觉得可笑。他听见一声嘲弄的感叹：喂，农民房里那饶舌的风门到底怎么回事，他真记得吗？

他自然记得……不，现在，他突然不再记得了。

但这问题是无动于衷的。这是纯粹的记忆，还是回顾往事的讨价还价，都完全不重要。说到底，和卑微的农民在一起的那些快乐日子，证明着他的防卫需要的图像。

一些朋友觉得他对戈培尔的关于未被纳入"颓废者"的抗议是毫无必要的挑战。挑战？这明明是个宣战。如果有谁能明白，戈培尔一定是明白了。

巴托克做了个和这有关的梦，当时他在车厢里打盹，而车子穿行于靴子国的黑暗。这梦如此强烈，它超越了现实的简明和亮度，可能也超越了适当。他在脑子里回味这梦，一点一点地，以便提炼出其中的内涵。

弦乐四重奏乐团，他的朋友山多·威格 [1] 领导了许多年的，多次被召到柏林的帝国音乐院 [2]，他们的前面放着的是新完成的第六弦乐四重奏的乐谱 [3]。戈培尔想把握这小小的可笑的巴托克到底有什么样的资源，当他穿着

---

[1]　山多·威格（Sándor Végh，1912 年 5 月—1997 年 7 月），出生于匈牙利的小提琴家。

[2]　Reichsmusikkammer，帝国音乐院。

[3]　巴托克的作品。

皱巴巴的匈牙利靴子,卷入战争,对抗整个的德国的军事力量。于是有了这最不正式的首场演出。

在场而不被看见的做梦人大力抗议着。他没同意搞这音乐会。此外,乐谱还没印。

例行公事!礼堂里有人喊,是戈培尔的声音,但喊叫来自观众。例行公事!挑战必须准备好出示武器。

反对有一个无情的逻辑。巴托克不得不咬咬牙,让音乐会顺其自然。

戈培尔召集了几个党内的大人物,高级军官和政府官员,到一个小礼堂来享受娱乐。当他们举着酒杯,聚在一起,笑声和讽刺伴随第一乐章的演奏,这些特权观众显然很开心。不清楚是原生而好斗的元素还是缺少清晰的音调,让他们首先起了反应。前奏主题中无边的悲痛,那要把做梦者的胸膛压碎的,这些冷血的观众好像不会察觉。也许有个例外。

第一乐章后,聚集着的人觉得无论如何都够了,呵欠开始在座椅上起伏。音乐家们也站了起来,立在疲倦的放弃里。但戈培尔制止了大家。他看来极度焦急,既忧虑又迷惑。他用手劝告听众重新坐下,又对音乐家们点头示意继续演奏。

在第二乐章，戈培尔变得死一般苍白，一次次拉他的衣领。在第三乐章，感觉有什么就要爆发。就像是眼睛试图要离开他的头。第四乐章的一个乐段，他倒在地板上抽搐起来。音乐会中断，观众们在抽搐着的身体边围成一团。在嚎叫之间，他紧咬牙齿，瘦削的脸上肌肉一条条的，绳子一般，泡沫从嘴角溢出来。音乐家们犹豫地还留在台上，没人再理会这些不情愿的证人了。

毫无预告的，希特勒的私人医生在现场。他解开戈培尔的领子，搭了搭脉搏，翻开眼皮，拿手电朝里头照了照，然后严肃地从包里拿出个注射器，就像给马灌肠用的那么大。当他对着光抬起巨大的注射器，把里头的液体挤出一两滴，一名军官倒了下去。但戈培尔对治疗有了反应。他试图直起身，但被制止，他还得这么半躺着呆上一会。一名党卫军①上校断言，对巴托克要采用别动队。他直接指着做梦人，那找不到任何地方掩护自己的人。

但戈培尔抬起手，说：别动他！但要监视他每一步的行动。这是个危险的家伙，非常危险的家伙。绝对不

---

① 简称 SS，德语全称 Schutzstaffel。

能让他知道他有了影子。

但巴托克明明在这里，并听见了这一切！

在这里——但显然也还并不在这里。

一名忧心忡忡的顾问匆匆赶上前来。也许部长先生不知道，这个巴托克不仅仅是 1919 年匈牙利共产插曲中的音乐委员会成员，他甚而进入到国联的委员会，在那里谈论超越种族、国界的手足情意。正是这样一个变态想法，他要在音乐中发扬。人群一阵骚动，不少人把手放在枪套上。这担忧的人提高嗓音，为的是强调又一个铁证。巴托克一家自 1920 年以来，有好几年享受了布达佩斯银行家、犹太人约瑟夫·卢卡斯的避风所，一个家，以蛇一样的捷尔吉 ① 为中心的，那个最危险的共产主义文学研究者！国家的叛徒托马斯·曼 ② 不反对拜访这地方，那是有征兆的。

卢卡斯？还有托马斯·曼！听众们围绕着做梦人形成一个威慑的圈，他突然认出了好几张脸。那就是布达佩斯家里的右翼分子，所有来自让他感到羞耻的阶级里

---

① 捷尔吉·卢卡奇（Lukács György，1885 年 4 月—1971 年 6 月），匈牙利马克思主义哲学家和文艺批评家。

② 托马斯·曼的小说《魔山》中有以匈牙利人卢卡奇为原型。

的让纳粹侵染了的人。

另一个顾问有一个更惊人的情报要让他的头头过目。巴托克在 1931 年曾为遭到了来自他们的兄弟、意大利法西斯最有充分理由攻击的托斯卡尼尼 [①] 辩护，赞成音乐的完整性，是的，明确呼吁保持艺术的自主性！这家伙一定得关起来。观众完全处于暴乱状态。

就在这情形下，一名帝国音乐院的意识形态代表要就刚才说的插话。做梦人得以潜入那危险的圈子底下，回转身继续听。那紧张地眨着眼睛的煽动者说，不能忽略让巴托克自由活动对音乐政治的风险。假如现在他对全音阶的采用会引向大调和小调的解放，最终，这会导致人可以不受约束地接近半音系统中的每一个音符。尊敬的听众们应该已经明白了吧，所有十二个音就会有相同的地位——这当然就是纯粹的共产主义！

人群的愤怒已一触即发，转向戈培尔，要求采取强有力的措施，不仅是对付巴托克，也包括和他有类似想法的人。不能就在这儿，就现在，把他撕成碎片吗？

先生们，戈培尔喊道，他伸出双臂，试图平息愤怒

[①] 阿图罗·托斯卡尼尼（Arturo Toscanini, 1867 年 3 月—1957 年 1 月），意大利指挥家。

的波浪。先生们，别忘了，眼下，我们和苏联有和约，不该引人注目——他察看了人群中是否混有苏联外交官，然后，放心地继续说道：那条共产主义害虫。我向你们保证我不会忘记。但目前还是要停留于监视，密切的监视。

人群似乎有些平静。假如这世上有什么是确定的，那就是戈培尔不会忘记。但军官和官僚们偷偷交换了下眼色，让戈培尔这么害怕的到底是什么？他已经震惊到会犹豫是否插手吗？

那些困惑的面庞现在转向了做梦人自己。他说不定知道让戈培尔这么害怕的是什么？

这问题惊醒了他，他困惑地环顾车厢。这是个带着信息的梦，但他的头晕得厉害，没法给这荒谬的纠缠一个所需求的分析。当现在在事后的回想中，丰富的内涵才宣称了它自己。眼下，这梦似乎直接指示着那不安的方面和那些紧随着他的脚后跟的可疑人。好像戈培尔刚刚给了黑汽车里的人他们的任务，特别敦促他们要秘密监视。

那些疑惑的面庞还在逗留：那把戈培尔吓坏了的到底是什么？这当然只有巴托克明白。

他得试着给出个答案。这梦的荒诞中跑动着一种内在的合理性。一个像戈培尔这样聪明和有致命危险的男人一定看得出，朝他脸上扔了这么封信的人——在这封信里，写信人宣称要和被放逐者归于一类——是个他得靠近些审视的对手。对巴托克这样知道自己资源的人来说，这样的审查是个什么结果显而易见。戈培尔一定是担心坏了。

那让梦里的戈培尔发作的到底是什么？他在第六弦乐曲里发现了什么——假设他的爪牙，针对所有的可能性，能复制乐谱？针对所有的可能性？在人的眉头下动手也毫无问题的敌人自然很容易对付一些个可怜的乐谱。戈培尔自然能自由地接近一切他需要的材料。也许他预期的是一些各不相同的心血来潮，没有和谐的纪律，也没有逻辑发展的责任。他遭遇的，却怎么都是完全不同的东西。首先，前奏的主题素材一再重现，这不断变化的坚持，一定吓坏了他。那深刻的悲痛，是的，这固执地排列着的音符里强烈的同情——没让他察觉出吗，这不可信的音乐如何与被征服者，那些被扩大着的帝国边界所抵达的越来越多的被征服者在同一联盟里？另外，整个作品以这样的方式集合，本该在序曲就露端倪，却带了某种内在的惊奇。一次又一次，简直像是矛盾的，让人意外。难道不是这无情的循环形式，这越来越紧的集合，使得戈培尔扯着他的衣领——借这，他感觉到存在中的陷阱，即便他是走在胜利年份的途中？四重奏知道那条通向他的隐秘恐惧的路。

让戈培尔脸色像用来擦太阳穴的手帕一样苍白，可能是序曲中紧随大提琴音调减弱的颤音，由此转入 Marcia[①]，一个撩人的三个八度的跨越，不仅显得缺乏尊重，也消除了从意外的角度攻击的危险能力。但真正的挑战当然是第三乐章滑稽的熊舞，一会儿从这里，一会儿从那里，在大胆的节拍转换下——意外地丰富了一系列嘲讽的滑动的四分音，直接插入那日耳曼音乐没有防卫的灵魂里。

无论是这第六弦乐四重奏，还是戈培尔以前接触过的作品带着类似的流转和定调，威胁的图像都是明确的。这瘦小的有着过早发白的浓密头发的巴托克，显然有从背后袭人的本事，有着没一个防卫力量能预见的武器。他的音乐有种你无法屏蔽自己的感觉性。

---

① Marcia，意大利语，进行曲。

他也许并不孤独。

问题是音乐在多大程度上暴露作者的弱点。一个真正的乐符艺术家，自然是不可能掩藏什么的。每一个想法，每一个主题，每一个隐秘的意图，都可以从他的音乐中读出来——在这一点上，他和斯特拉文斯基① 有完全不同的见解。现在，带着对第一弦乐四重奏的考虑——他认识到作品是如何比任何传记更清楚地泄露人生命中真正发生的，以及那些驱动了这一切的激情——这在他们最初的日子里，他没写给麦塔② 吗？每一个呼吸，是的，每一个个人的生命表达确实都保存在音乐里。

问题是戈培尔理解了什么，以及他打算怎么使用他理解的。

权力自然希望不惜代价地阻止它的公民看到超越于它的控制的——借助艺术去看到。它自己却可以沉浸在这禁果里，就像刚才的梦，一半是玩笑，一半是到底可

---

① 伊戈尔·费奥多罗维奇·斯特拉文斯基（Igor Fyodorovich Stravinsky, Strawinsky or Stravinskii; Игорь Фёдорович Стравинский, 1882 年 6 月—1971 年 4 月），俄国作曲家，后移居巴黎和纽约。20 世纪现代音乐的传奇人物，革新过三个不同的音乐流派：原始主义、新古典主义及序列主义。被誉为音乐界毕加索。

② 巴托克的第一任妻子，曾是他的学生。

以告诉自己点什么。这是可能的，权力于是会惊讶于它否认的主题。

戈培尔不知怎么懂得这个道理了。

巴托克毅然朝桌子弯了弯腰。他知道他的力量在哪儿。音符间将溢出泥土，要求乐谱中有紧握的拳头的印记，得能感觉出节奏中农人靴子的踏步声，一句话，愤怒的生命力——但带着眼中的闪光，就像在钢琴曲 Allegro barbaro[①] 里，这对于自己和柯达依[②] 是"年轻的野蛮人"这一指控的嘲弄的回答。

[①] Allegro barbaro，1911 年作曲，是巴托克最著名的和最经常被演奏的独奏钢琴曲之一。

[②] 柯达依·佐尔坦（Kodály Zoltán，1882 年 12 月—1967 年 3 月），匈牙利作曲家、民族音乐收集家、语言学家、音乐教育家和哲学家。

然而几个四重奏的节拍果真能站在坦克行进的路上吗？密探们的担忧透露：他们并不那么肯定。整辆黑色汽车散发着猜疑的焦虑。

　　那么，不仅让梦中的戈培尔，也让强权的执行者如此惧怕艺术的，这一切的一切到底是什么？担心艺术是自由的权威吗？当然。立于任何官僚和军队机构控制外的艺术当然是显而易见的危险。

　　但除了这毕竟很受限制的自由外，还有一件事会激起广场另一侧监视者的担忧。真正危险的是艺术的感性。灰狼们依赖于安全的抽象，这抽象让他们好对付不需要看见的人，重新设置那已抽去粗糙和气味的真实。比什么都让他们害怕的是意外的、那会帮人看见和听到的反对。比什么都让他们害怕的是艺术的抵抗力。

　　对密探们来说，这事本身不复杂。对这文化、政治问题最有效的解决方法是一两颗九毫米子弹。但他们有他们的指令。眼下上层似乎更相信叫那迷路人回归正途。

野兽帝国有张王牌。巴托克预见其中的内涵，感到一阵剧烈的恶心。好像方向盘后的人在他耳边轻声说，难道不是在他们的精神下，他搜集了那些民歌吗？难道不是服从于他们的戒命，他试图将祖先血管中的红色奔流引往现在？难道不是在和当权者清楚的血族关系里，他寻求从乡土中感受出声音？事实上，他难道不是在他们的信息下签了字吗：Blut und Boden①？他能阅读他们狡黠的笑：你自然是我们中的一个——还没认识到这点。你一点不是自己想像的"颓废派"，那些颓废艺术家中的一个，丢弃所有传统，沉迷于病态实验。你自己自然知道——现代主义者并不认为你是和他们一样的创新者。

另外，人们也听说了，巴托克在学院里穿匈牙利民族服，在给朋友的信里寄民族主义标语。他一定不否认他的《科苏特交响诗》是悼念如父的祖国吧？不会，那么，巴托克大概一直都是他们中的一个。

---

　　① 德语。意思是"血和土"。民族主义意识形态的一种。意味着文化继承的，民族的"血"和代表着祖国的"土"。作为口号，由德意志社会民主党提出。

他很吃惊,吃惊于方向盘后的男人表现出是德国人。对手们的笑从狡黠的变成谅解的苦笑:他到底还是他们一类的。他在音乐里利用人记忆的方式实在可质疑,那些弦乐四重奏也完全叫人没法忍受,但他还是在正途上,某个美丽的日子,说不定他会理智。

他找寻着答案。自然他们误解了整件事,但吃惊让他在这一刻无法清醒地思考。他在他的经历里摸索,而图片清晰起来。

他们的血液和土壤自然是意识形态,一个强加于真实之上的抽象信息,不是从中推出的感性见解。而这,这是对谎言的定义。

那又怎样?他对民间音乐的推介不是意识形态的一块吗?

不,绝不是。他自然着手于周到地寻求,仔细地倾听和录音,不带成见。他的记录有对民间风味的尊重,它知道些他不知道的,找到大量循环和节奏,那些他自己永不可能编制的。他工作,带着对死者的敬畏,带着在农民房舍嗡嗡作响的风门前的谦卑。

他听到的,那在过去之外簌簌作响的血液,和种族没一点关系。那些对外人的蔑视和仇恨,没一丁点与

"血液"和"土壤"的名词相连。

　　显然他还没探到问题的根部。

　　哦，是的，他以前其实经历过这样的事。1920年，当民族主义者攻击他对罗马尼亚少数民族音乐的不爱国研究时，他同样感到不舒服。竟敢说这群残余得以保存制作最质朴音乐的古老形式！文化大臣得要求这家伙表明其民族归属。是处于那么个时期，那时匈牙利终极的完整性不允许提起任何关于少数民族文化的讨论。

　　在这无声的争论中巴托克激动起来。他争辩着，像是本该在1931年国联会议上作出这争辩。这爱国主义同样狭隘，同样令人震惊，现在的，就像1920年。更重要的是，今天得主张艺术的普遍性。匈牙利民族旋律可以在斯洛伐克版本里显得更丰富，然后还可重新成为匈牙利的，不会瞟一眼什么种族纯洁性。就像我们的想法。

　　所有这些声音，所有这些音符，这些在忽而匈牙利、忽而斯洛伐克、忽而罗马尼亚的旅行后保存在他蜡筒里的，是轨迹，记录着人们穿过噼啪作响的铁丝网的交情——节奏起始于远方的节奏，村庄在偏远的村庄里延伸。从一个刺耳的四分音开头，到一个不知道什么边界的乐谱。

　　征服势力的语言是区别。他的是架接桥梁、兄弟情、感觉的直观性。

　　此外，这是多么肮脏，想用他们的沙文主义给他提供债务！他们求助于他早先的民族主义行为，却认识不到成人的普遍主义。他当然要否定他的《科苏特交响诗》。

　　啊哈！他显然比人们以为的更坚硬。不过，人还有张小纸牌，在袖子里。

　　他的音乐难道不是因严格的纪律将未说出的冲动和进取的能量留在原处为特色的吗？他自然也还是个同伴。

　　这一次，他很谨慎，一下看出对手论辩中的破绽。他们代表完全不同的秩序，他们和他。他们的梦是交响乐，一个强健的发展朝着不知晓的目标，但包藏无边的信心，对要到的未来的信心，这未来很少证明是值得的。交响乐，他的德国化，他已把这和民族主义的青年期一起抛在身后。他不相信对手的发展，一种本身释放着低能人的攻击和享受般的残酷的秩序，那秩序会放进交响乐的螺旋，要是必要的话会兀自旋到地狱。他自己愿意创造一部作品，有紧密的平衡，那里，最初和最后部分互相映照，第二和倒数第二部分也是——全都对中心有个尊重。五乐章组曲对他实在是绝妙地合适，就和五乐章四重奏一样。对狂野素材的紧紧掌握，这创造性的控制，是他对抗他们的虚假秩序的坚定办法。

嗯，他显然不会成为一个自愿的盟友。但要说他的音乐挡在坦克行进的路上！这可实在是个相当糟糕的笑话。

别太肯定。当所有的感官体验，所有的谦卑倾听及真正的民间风，在他自己的音乐里相遇，就成了不可忽视的力量。他站在和意识形态之人堆成的"土壤"不同的基础上。和他们不同，他能用感官来思考。他主张一种会让你看见的艺术。

权力之人是那样暗暗地害怕着这艺术！关于戈陪尔的梦揭示得很对。带着他超敏感的感官，事实上，巴托克多次明白，掌权者如何靠近他的音乐，就好像那是个陷阱。这些刽子手在白天的抽象任务后，坐在留声机前，沉浸于一曲晚期贝多芬弦乐四重奏，这些秩序的残酷捍卫者，带着虚弱和对夜晚的向往，他们不会被他的音乐吓坏吗？

他们显然担心这些另类音调，以及他在农妇的歌和乡村乐手的曲子里发现的意外自由。他们退缩到古老的教堂调音前，甚至更原生的民歌的五音元素前，乖戾的乡巴佬风，和过去两个世纪日耳曼精神摸索出的音乐发展背道而驰。对那些村民明显热爱的多样的自由韵律和节拍发展，他们除了害怕和厌恶，不能感受别的——和他们自己有纪律的前进节拍实在相差太远了。

对手们这会儿没指望能为他们的利益赢得巴托克。假如他只停止于民间风。但他明明也追随了那些法国的主义——已经出轨的德彪西和所有那叫什么的。这家伙声称列名于颓废艺术家，毕竟不无道理。

巴托克点头同意。柯达伊自然是对的。是匈牙利民间音乐和高卢精神的结合将他从早期的德国依赖中解放出来。因此他成了个叛徒，对那很好地调和了的音乐，对那能建设一个帝国而不是他破败的匈牙利农民村庄的秩序、清晰与服从。

是这背叛在他的音乐中找到了位置。显然也正是这让野兽帝国愤怒。这里，一个安静的权威胆敢质问他们的权力机构。这里，出现了一个秩序回绝纯德国秩序。这里，质朴的感官揭示权力语言的缺少实质，无耻的音调足以让扬声器瘫痪。

自然，这样的节奏从他的某首弦乐四重奏里跑出来，站在坦克经过的路上。毛虫的脚工作着、工作着，不过是让自己更深地陷入泥淖。

巴托克感到新的自信紧绷在肌肉里。也许那边车里的密探也是易受攻击的，以某种他还不明白的方式。只是，有些奇怪，似乎他是唯一担心的人。他还没想让蒂塔注意到有监视，以免吓着她。但这会儿，她自己也一定注意到了——没一丝窘迫。这里其他围着饭店桌子的人看来也没担心这充满威胁的监视。老板和老板娘开始把空桌上不用的桌布收起来，把凡高椅靠墙堆着，他们互相嘀咕着什么，朝广场上投过一瞥深长的探视——却没留在什么不祥的汽车上。

疾病已让他出现幻觉了吗？他久久地盯着黑雪铁龙里的男人们。现在，总之，他看到他们，带着他一直要求其感觉的，就像要求表达的全面的准确性。难道他不能信赖他的感官？他们想让他怀疑自己的感官吗？要那样，他可就糟了。

他为自己辩护。假如那边角落里的密探是想像的胎儿，那也到底准确地对应着他的处境——还有他的恐惧。不得不说，他们将他感官上合理的担忧以惊人的方式具体体现出来。笼罩着他和妻子的威胁是非常真实的。假如它以一辆恐怖的黑汽车里一两个代理人的方式出现，这一点不奇怪。那些挥之不去的人影一次一次要让他的心掉出来——对他而言——一个惊人的有效性。

正当他稍微平静，要把杯子递到唇边，广场那边传来暴风般的吱嘎声。是信号又来了，现在不过是带着股新力量！密探的黑色雪铁龙后门打开了，一个男人掉了出来，扯开耳机，手按住耳朵，好像受了声浪惊吓。另外两个人站出来，试图和这通信兵商量，但他只管摇头，指着左耳。一名密探抓起枪，朝饭店方向狂怒地冲了几步，另一名试着阻止他。当平静的那个拦不住好斗的，他拿过张纸，用手指了指。他还指指头，好像怀疑对方的智力。三个人又都钻回了车。没有比这更清楚的了。

发生了什么？车里的人摸索着，但肯定很快会在他们冷酷的抽象语言帮助下弄清事情的发展。

巴托克自己已立即确认了这尖叫和嘶喊的狂风，这喧嚣就像是有人在两个频道间把一台收音机的音量调到了最大。信号来自他刚才怀疑的斯洛伐克北部那个小村子，他认出了那些声音，好像是他把它们从他的留声机里全都放了出来。

通过他的不可思议的放大器，传出的是一堆杂乱的噼啪作响的声音，听不清，却很独特，环绕着桌子。远处的恐怖存在着，就是现在，就在这尼姆，那么清楚，他听得见每片叶子顺着干树枝簌簌落下，落在远处的广场上。但他周围的人看来尚未察觉。一对年长的伴侣仰坐着，尽情享受高卢烟，没一丝焦虑或好奇的迹象。

人们想叫他怎么样呢？嘎吱声和尖叫声清楚了，像是他有密码，扔进这难懂的玩意的翻译里。他专注地听着，甚至没将剩有最后几滴装裴绿雅的杯子放下。集聚在他桌边的声音波动着恐惧和哀伤，而信息缓缓闪现。一个党卫军特别行动队显然已在村里抓了人质，现在，正用枪托和脚踢，把他们的囚犯赶往那小教堂里。不可想像的事随时都可能发生。

那远方的教堂正门前的广场听来那么近，他简直可以伸手碰到那些聚集的人。每一块磨损的铺路石一直都记得那些新征服者轰隆隆碾过村子。在空地中间、叶子落了一半的树背负着沉重的体验，它潮湿的枝干上吊了几个村民，在这一周结束前谁也不许砍下。这小小社区，拱起有黏土和天空的穹隆，无道路的生活——但一次又一次，一世纪又一世纪，被那些无情的游牧部落侵入。

村子小小的群体被劈成两半，教堂内难以琢磨的忧虑和外头广场上消音的呐喊。禁止聚集。没有一个人好抚慰另一个人。他们分散地站着，像死者国度里孤独的影子，每一个人都被夹成抽象的共同体，为自己散发内省的歌，冻僵的蜷缩姿势，是被剥夺了真实的，但他们在静默的嗡嗡中找寻着其他人。

于是能听见教堂里的歌，一种古老的音调，蔑视军人根深蒂固的音乐概念。里头的俘虏和年迈的祖先一起歌唱，那在恐惧中伸出手臂和他们相会的祖先们。超越世纪的悲伤和憧憬，绝望和爱，在某个瞬间调动起来照管那被攻击的。那些死去和尚未死去的在歌里相遇，这歌分不出大调或小调，却抓住整个黑白的存在。不说你，你，你，而说我们。

他是那么了解他们。几十年来，他有每一个声音、每一个音符在蜡筒里，纹路诉说着强大得多的一体性跨越了所有多变的国境。

现在信号狂乱起来了。能听到教堂内部的冲锋枪弹，

一次又一次。里头还是有那么几个人在唱。又是一阵扫
射后，听见一个孤独的声音。一声枪响静默了那最后的
音调。

巴托克的左手握起又打开，握起又打开。他能做什
么呢？

作证。别忘了我们。

教堂的门嘎吱响了。能听见士兵们将无生命的躯体
扔在石子路上。里头的噼啪声仿佛来自越烧越旺的火。
军官喊了几声，像是要给谁一个教训。这是地区破坏的
明显代价。街区间又一阵扫射警告人们，任何对战争力
量的袭击都将会招来同样残酷的严厉，一个充分满足于
无差别的办法，因为居民采取了对真正肇事者是谁矢口
不说的态度。

其他人质你们可以从那里头领走。

广场上等着的人中，有几个赶上前去，但士兵用提
起的武器阻止了他们。Zurück, zurück ！ Noch nicht①。很
快，火焰从小教堂里冒了出来。

于是他听见了。那些广场上的死者们继续唱了起来，

---

① 德语，意思是：后退，后退。还不够。（back, back. Not yet.）

现在轻多了，那么轻，就像那些簌簌落下的树叶，但有一种超越了这一天的固执。而他们在教堂里燃烧着的兄弟用噼啪燃烧的声音呼应他们。他们歌唱田野，将挑衅地结出一个新的金色收获，而野草和罂粟生长，穿过新征服者的头颅；他们歌唱年轻的迷醉中的情侣将沿着道路漫步，这路，无情的灰狼的每一个踪迹，很久前都已掉在石子底下；他们歌唱祖先，那现在正轻柔地抬起被害者尸体的，并把尸体扛在肩上，带进悲伤的嗡嗡作响的永恒的祖先。

新一轮子弹射向抽搐的躯体，但歌曲，那古老、恣意的五音乐调在继续，兵士们带着惊恐的步子，上车、消遁。

巴托克的眼睛噙满了泪水。人对他求助些什么呢？

他没听到垂死者的歌吗？他没听到外头广场上等待着的人们的无声旋律吗？那么，他明白人们对他寄予什么样的期望。

是对他，他们委托了整个的音乐宝藏，那蒸馏了几世纪的艰辛和快乐，苦痛与团结的——还有对抗那群闯进村子的无情入侵者的聪明策略，入侵者曾一次次将铁蹄以胜利的姿态嗒嗒地践踏石子路。自然是他，了解他们的过去，也因此能懂得那些垂死和死去的人的歌。只有他会在他自己的音乐里给所有这些生命赋予声音，被那些新的，同样无知觉的残酷征服者一点点抹去的生命。

　　他的妻子把手放在他的手上，好像她感觉到他的苦痛，尽管她不能察觉环绕着桌子的吱嘎作响的声音，也不能明白人们在超越语言的绝望中如何寻找着他。她没听到唱着悲伤和惊惧的肩，或是垂死的不肯投降的人的歌。桌边谈笑的人们也没察觉跑到他这里的绝望诉求。最重要的是，没人辨别出这起始于那寻求帮助的噼啪声响的，这是个无边乐谱的前奏。

狼人们，那些没有脸孔的也开始忙于剥夺被征服者的特征，他们会乱翻乐谱吗？匿名的白色空间会在他的乐谱中突然传布吗？几乎不可能。这要假定灰色们抓住他扎在村庄难以获得的音乐里的隐秘资源和根，抓住他自己伸在新的、更成熟音乐语言里的触角。他们到底也不能追循他几十年来沿着泥泞的道路走过的、已冰冷了的足迹。他们也很难对还只存在于他脑子里的乐谱有什么洞悉。他可不能偏执。

但行李是个问题，有着那些民间音乐的脆弱记录和他自己同样敏感的手稿的行李，直到今天早晨还是在安全保管中的。他或许得和汽车站员工重新商量，但风险是，他们是对的——事实上他得在西班牙边境和行李分开。有些包可以带，而一堆310公斤重的行李！那得密封，单独运到巴达霍斯①。但假如这堆行李在他好提取时还没来得及

---

① Badajoz，西班牙城市，紧邻葡萄牙。

运到，那他就得托人负责把它们继续运到里斯本，转运上去纽约的船。可在巴达霍斯，他敢信任谁呢？咳，这会儿，他又还能要求什么呢，这风险他得承担。

汽车站的乘务员怎么可能明白，这些破破的箱包里有无价之宝？假如他告诉他们，过去两年他所做的一切都是为保护这些让箱包不合常理地沉重了的纸捆，他们定会摇头，将他交给他的命运。

他怎好让某个外人明白，德奥合并 ① 事实上意味着怎样一个转折点？明白自那以后，匈牙利也倒向屠杀者的帝国就只是个时间问题。这是他的责任——移民，在还有可能时，不为他自己，是为作品，为保护那尚未完成的。

他甚至都不会试图得到某人理解的，是那份苦痛，关于母亲竟得死去，以便让逃亡成为可能。且就在圣诞前没几天。他的心变得很小、起皱，像枚核桃。

---

① 德奥合并，德语 Anschluss，意指联合或政治联盟，也称 Anschluss Österreichs，是指 1938 年 3 月 12 日纳粹德国与奥地利合并，组成大德意志。这是希特勒扩张德国版图的第一步。事件发生前，德国向奥地利施压，要求奥政府承认奥地利纳粹党的合法地位，让该党参与政府事务。1938 年，奥地利总理为保存奥地利独立，宣布公投，来决定应否与德国合并。奥国纳粹党在 3 月 11 日以政变推翻奥地利共和政府。德国国防军进驻奥地利时，未遇对抗。

而逃亡？不，离开不会有什么可疑的匆促。美国旅行是巡回音乐会，现在，就像在春天那会儿。大件行李会泄露出其他目的吗？

他得说服怀疑者的是螺旋如何已给艺术家、作家和作曲家上紧了。他的出版社事实上已被纳粹接手，原来的所有人给抛到了大街上。光是这些恶心的表格就让他立即有了嘲笑的冲动，那些经理们强迫他填的表格，净是些无礼的问题，问他是否德国血统，是近似种族抑或非雅利安人，问题一直追溯到外祖父母和祖父母。雅利安？不，我们匈牙利人是芬兰-乌戈尔语族 ① 的，也许甚至是北土耳其人。还有受伤，何时，何地？没错，"德奥合并"那天，在维也纳。不过，人不能让自己和罪犯开玩笑。最主要的是，这样的盘问无论如何是违法的，必须抵制。任何形式的回答都会是种让步。

是的，只要他听起来有说服力。或许他也能让这一切令人理解，在匈牙利的最后的日子里，他是如何遭到责难。人们是如何开始看穿他的托词，以便无须出现在

---

① 芬兰-乌戈尔语族是乌拉尔语系的一支，多数语言学家认为芬兰语、匈牙利语和爱沙尼亚语都包含在此语族中。与欧洲其他地方使用的语言不同，该语族不属印欧语系。

德国和意大利——还有他的借口，以阻止匈牙利广播乐团将其作品在这些臭名昭著的国家转播。

但世上没有一个议论能改变这事实，行李会没有防护。顺着他的脊梁，传过一阵寒颤。要是行李真到了里斯本，就有个危险，会在那儿呆上一阵了，在那样一个里斯本，那里野兽的足径交错。倘若此后，有一天这批行李抵达他在大西洋彼岸的新生活，那时，乐谱的纸页上不会沾了狼粪的气味、不会被淌口水的审查弄脏了吗？或者变薄，在迎着他们的管制抽象的途中？

当他们终于抵达纽约时，他和蒂塔很可能会站在那里，没一点行李。除了穿的一身衣服，他们没有额外的一件，外加一个等候着的几天后的音乐会。新生活得从服装店开始！好吧，这是微不足道的烦恼，即便一件新燕尾服或优雅的礼服裙会让旅行资金相当破费。最精要的还是箱包里所有的其他一些东西。那易碎的物件是否消减了真实性和感性？

但不管怎样，他可能是不必要地过于激动了。一堆密封的行李不太可能就引起怀疑。在仔细检查后负责加封的可是狼人们的盟友。

但愿来自村庄的记录有被锁的几周或几个月所需的

自制和耐心！随着突然的心悸，他意识到有什么就要发生。很快，箱包里开始发出嗡嗡声和呢喃，小提琴突然撞击出顽皮的不和谐，农人靴子的步伐合着音乐踩着节拍。年长的男人们也一点不能在衣服和乐谱纸片间收敛激动，而是迸发出一首宣泄的歌。而他自己不能用他的嘘声抵达！

职员们的吃惊很快会转为决心，不过几分钟的事，他们打开行李——只找到静默的，折叠整齐的衣服和约略发黄的纸捆。也许他的思虑到底是抵达了，带着警告。但损害已造成。人听到的就足够了。这行李绝对得留下。

他看着蒂塔平和的脸庞。这面庞确证，他是在毫无理由地激动。这些日子，海关人员有那么多事要做，顾不上担心几只贴着"内装品无害"声明单的密封箱包。

也许吧。几包乐谱能对那些从不热心的乘务员说些什么呢？

然而，当海关人员站在打开的箱包前，检翻他的东西，他们中自然会有人觉察，这牵涉到的不仅是来自可忽略不计的乡下偏僻角落的清白记录，而更可能是一个对民间材料挑战性的继续发展。那年长的犀利的检查员明白，大块的过去躲在箱子里。还没被伪造的过去，对于想再次重构往昔，让现在生动、感性地生动——这过去是必须的。检察员抓起电话，报告上司。

有什么不可能发生于这脆弱的在里斯本的行李呢，这里斯本鬼鬼祟祟地站在强权一边，形式上对西方开放，妥协着，挤满代理人和反间谍！在那里，那些呻吟、哼叫着的箱包将毫无防卫地呆在某个仓库里。

不，他得控制住自己。有一个几乎无法觉察的界限在怀疑和偏执狂之间，怀疑是对心无不安的野蛮人的必要防卫，偏执狂的假想敌热衷于灌输，以破坏和诋毁任何的反抗。关于这是什么，那又是什么的不确定性是恶魔般的困境。保持怀疑是性命攸关的，同时，两盎司过多的怀疑会给回答带来摇头，并带走最有力论辩的力量。

他要控制自己。然而有一天，他自己不会带着怀疑看待那些终于重新找到的纸头吗？他不会带着悸动的心，听村里来的材料，警戒着感性里的空缺——带着挥之不去的动物气味的抽象路径？从记录中淌出的力量的涌流，那会更新他自己的音乐的涌流，不会干涸吗？而灵感是否因此会转为冷汗的疑虑？

唔，渗透——不管这是灰狼人群的增长还是更严厉的稀释——这威胁可能不单是对着他的材料，也对着他自身。他的体内不是已有了野兽的细胞繁殖，吃掉他真实的生命，威胁说，渐渐要将他弄成个空洞的抽象，一个没有音乐的名字？他难道不是一直就多病，而现在，他感觉到一种古怪的感染扩散在体内。一个超越于每一个诊断的入侵。肩上的疼痛叫他一刻也没忘记自己的弱点。

但现在他感觉到的舌上的陌生的字眼和敌意没一点关系。不，那一次次侵入他的，凭空而来的语言里连最微弱的狼的气味也没有。这更好像是个友好但有些自作主张的权威，将意想不到的反射照在他头上，把他的视线拉向和他以为的不同的方向。他觉得弄清楚了的是，这善意的、爱管闲事的权威试图理解他，是的，超越那些他为自我意识设置的界限来理解他，一个有些笨拙的盟友，真相信能在他不知不觉中就提示了他。似乎他的经历没有足够的正确性，相反，还必须得到补充！

以为能占据他的，占据他这最害羞的艺术家的是谁？那自信地以为能钻到他内部去思考，是的，把他琢磨出来的是谁？是谁笨拙地试图写他，也许甚至想修正他？

不管怎么说，这个人似乎知道，行李即便是要拖延很久但将会抵达。密封完整，却有股奇怪的不愉快的气味环绕着它。

　　这念头怎么都还没让他难过。远在将来的陌生人看来一点也没要伤害或削弱他。相反，这不知名的要给他一个公正。他意识到甚至在他开始考虑之前，他已和来访者开诚布公地谈了好一会。

　　他明白的是，在他自己死后多年，无数会议中有那么一个，在那会上，看不见的朋友们把他们最新的感受放在他的感受里，给他的乐谱生命和空间，以他们自己的经验为基础，完成他的意图。他的创造，自然是个寻求持续的新建构的乐谱。这是个可能的世界，等待其他人，跟上他的呼吸，脉搏和思想，以便让它成真。

　　他激发的这些参与并不意味他的经验在陌生人眼里是缺少足够正确性的。对其他人来说，人的生命充满令人迷惑的隔阂，他偶尔尝试这样或那样奇怪的但也许建设性的拼图，就是非常合理的了。农民房子里嗡嗡作响的风门，到底是怎么回事？

　　他于是平静地让陌生人替他说话，把他们的经验放进他的经验里，破解那变得难以琢磨的，且填充刮擦的时代的空缺。这是一个会议的实质，一个会议，在那里，双方都得以诞生。

在这刮擦的时间里，突然蜂拥出一大群磨损了的声音。声音来自欧洲所有的方面——无法计数的几乎删掉的面庞，如此严重的折磨，以致它们果真能被听见。

巴托克抵了抵椅背。没有其他客人看得出有什么反应。一对夫妇罗嗦地将法郎放在账单边，另一名客人打着呵欠将要离开。是又一次地，这些易受攻击的诉求仅仅抵达了他苦痛的敏感听觉吗？

击中他几秒钟后，这无边的合唱感觉变成了和缓的渐弱。在初始的瞬间压倒一切的在其悲痛中的声音，惧怕和绝望变弱——继而由新一波的死心和恐慌接替。似乎那些不幸的人分散在所有道路的沿线，越过山和海，消失于增长的黑暗——为新的一群跟随，他们找寻尚未被防守的路径，涉过未点亮的水流，进入同样未知的黑暗。

他立刻认出了他们。所有这些逃难的人，和他同等的人，在他们磨损了的箱包里，满满地塞着最必须的东西。他闭上眼，能看着他们在眼皮下涌动。许多人推着大车，倦怠的孩子们在行李的顶端，另一些人推着生锈的自行车，车上可怜地堆着些人不敢放手的、那熟悉的现实的断片。

所有的人都持续地盯着天空，天上，任何时候，一架追击机会突然显现，对着逃犯开火。沟里倒着匹死马，显然是从空中给射死的。一条腿伸在空中，也还给套在大车上。一路上，军用车撅着喇叭在这无边的破败行列里突进。这里、那里会有支巡逻队冲入灰色的行列，拉出个扭动着的可怜人询讯。有时他们抓了个胡子灰白的老人，踩碎他试图弯腰拾起的眼镜；有时他们拉出个推认是逃兵的人，在路边作程序简化了的审判。

许多想逃往西班牙的人都走了这条路线，不少可能就坐在这张桌边稍作休息。捧着葡萄酒瓶刚刚擦身而过的老板娘回避了他的目光，好像她自觉有罪！有多少来自欧洲各个方面的逃亡者被这里的店主夫妻出卖过呢？先是对陌生人刺探：你们没定量供应卡吗？老天，你们是打哪儿冒出来的？以便回厨房，拨电话，汇报。

他僵坐着。是这老板娘叫来了那辆黑色汽车吗？瞧，她把菜单摊在他们面前，问他们要不要葡萄酒，他们说就来点矿泉水，她皱起眉头。她是走进里屋，就立即打了电话的吗？但她其实是很快就又走出来了的，拿着面包筐和沛绿雅矿泉水。也许是，也许不是。

就在他眼皮底下的难民潮，不仅仅和他同等，他是他们中的一个，同样地受到威胁。一个声音从人群中分离出自己，似乎找的就是他，一个带着努力的声音向前推进："今天我们得以出版的每一行字都是黑暗势力中拧出的一个胜利。"这字眼简直可以是他巴托克的。而嗓音明显属于一个年长些的男人。只是没法弄明白他叫什么。某个瞬间，听着像是叫本雅明，可这到底也不是姓。

不过相隔了几天，离这儿也没几英里地。巴托克的听觉调选定位在比利牛斯山 ① 某处一个受折磨的声音上。嗯，那是个被追捕的犹太知识分子，试图混往山上走的人群里。男人保持着紧张的耳语式交流，避免任何暴露的地方。这男人在爬山时气喘吁吁，走上十分钟，休息一分钟。其他人于是忠实地等他，带着忧虑的神色看着表。他站了一刻，这刮破他的经历，以致他几乎是透

---

① 欧洲西南部山脉，东起于地中海，西止于大西洋，分隔欧洲大陆与伊比利亚半岛，也是法国和西班牙的天然国界。

明的，那一刻，九月末的太阳透射了他。稀疏的飘动的
头发，看起来像在逆光中燃烧，没刮的脸颊好像是走在
消退的光芒里。身体当中看得见那颗紧张的心脏，狂野
地抽动，忽而朝这里，忽而朝那里。虽有苦痛，他拒绝
让别人来拎他那沉重的黑色公文包。他放了什么在包里
呢，会如此重要？当他绊了一脚，他用手臂抱住他的重
负，努力挤出一丝微笑：这包比我更重要。

就像是他在公文包里携带了历史！这气喘吁吁、微
微驼背的人和他阳光下清晰的轮廓正要长成一个神话。

他走着，像一个随时会被捕的人。而预设的结束就
等在不远处，在一个小小的西班牙边境站，那里刚从马
德里得到新指令：任何从法国来的非法旅客一律不得放
入。这气喘吁吁的难民想来有所有的文件，唯独没有法
国的出境签证。

人们耐心等他翻他那些起皱的纸头。他带着丝苦笑
抬起头。就是说没签证？人们同情地说：那样的话，很
遗憾，他就不能继续旅行了。官员无须多加说明，礼貌
的声明意味着集中营和毁灭。

考虑到他脆弱的心脏，人们让他过夜，建议他到村
里的小旅馆，那里一只颓丧的灯就在悬铃树下，徒劳地

邀请黑夜抵抗。让他稍喘口气，来点大剂量的吗啡 ①。人圆滑地闭上眼，在这现在怎么都要发生的事情面前。

这可能是巴托克自己。显然是个思考的、批判的精神，一个抵抗。一个甚至完全不是自我选择的犹太人。

他明白那继续。神话自有它自己的逻辑。第二天，人们自然会再开边界。带着疲惫的讽刺，权力打碎了数不清的牺牲者中的又一个。

那么多的人。那么多人在这难民的队伍里接踵、比肩，经过彼此，从欧洲的不同地方——这已成为一个薄薄概念的欧洲。一次又一次，巡逻人员将这一个或那一个从队伍中揪出来，喊着：文件，文件！当走得不够快时，就用永不疲倦的枪托代替了辩论。

终点站在这西班牙边境站的神话人物，他破旧的外套里藏着个问题，在所有这些逃亡者和所有还没逃离的人中隐隐作痛，这以多种语言表述的问题一定追随了人类长久的时日：什么是逃亡的最佳时刻？不是太早，人被迫放弃亲戚和朋友，家园和收入，教育和语言，而未

---

① 这一段故事的原型是瓦尔特·本雅明（Walter Benjamin，1892—1940），德国人，作为犹太人哲学家的他，在试图逃离未果后，在西班牙边境自杀。

来依然有比侨民身份、贫困和流浪更多可招待的。但也不是太晚，以致边境站已关闭，熄火的监狱车就等在检查站边，夜间的巡逻开始踹房门。

事实上，几年前他就给那要背离整个欧洲的欲望捕获。倘不是他的老母亲还活着……

但那样的话，他会跑哪儿去呢。最首要的是，何时是那一刻？人该在一切都已太迟之前就不顾一切地冲出去吗？还是等着不动更好，直等到一切真成了一片混乱，混乱到别想能找到谁？还是一种混乱，在那里，诱捕器已关上了门？

不是人人都在时间问题上犹豫。例如阿拉达·托斯[①]，假如他没及时逃到瑞典以解救他的犹太妻子——安妮·费舍儿，作为钢琴家，她并没有因其创作遭威胁。更为暴露的难道不是巴托克自己吗，一个自愿的犹太人，他的倡议和作品难道不都是对纳粹的一个直接挑战？

但时刻也是个道德问题。任何一个尽管有逃离可能却留在那令人发指的一切中的人，可以被说成是认同他

---

① 阿拉达·托斯（Aladár Tóth, 1898—1968）匈牙利音乐家，妻子是出生于布达佩斯特的匈牙利钢琴家安妮·费舍儿（Annie Fisher, 1914—1995），1940 年他们逃到瑞典，1946 年重返匈牙利。

周围发生的一切；另一方面，人也可以争辩说，这是每一个人的责任，留在那里，以帮助拉起全民族的大车，那比掉下时更深地陷在泥淖里的车。问题只是，是否真可能在可预见的将来实现什么。亨德米特 [①] 在德国的整整五年里没有尝试过吗？最终还是被迫放弃。最有可能的是很快被清算，或者最好也就是入劳动集中营。

那没有尽头、愈发沉默的难民队伍里的嗡嗡声、哭声和叹息声给了他权利。已不是停留更久的问题了。人们还能抱有的苍白的希望是不会为边境或路障阻挡，要求有文件，粗暴地给赶进熄火的车——那车开向一个地方，那地方人人皆知，但无人议论。每一个人的内在目光都能看到一辆黑色汽车，里头有几个男人，领首朝着自己的方向，果断地一脚踩在马路上，抽出他们的武器。不，再没有什么"留下"了。

他得离开欧洲。

只有这样，他才能清楚地表达欧洲。

[①]　保罗·亨德米特（Paul Hindemith，1895 年 11 月—1963 年 12 月），生于德国法兰克福附近的哈瑙（Hanau）。作曲家、音乐理论家、中提琴家和指挥家。

然后他看见前门半开，方向盘后的男人把一只脚踩在车踏板上。与此同时，这男人朝身后斜视，好像在问另外的人：现在就不能是结束这一切的时候吗？

握着杯子的手发抖，饮料几乎溅出来。一分钟后，蒂塔和他会被压在汽车后座，枪对着他们。

到头来，他们甚至还没抵达边境。

不过司机收回了脚，啪地又甩上了门。他愤怒的面孔表明，同伴否决了他的提议，也许想到了更好的阴谋。

当然，巴托克意识到有比用询讯和枪托干涉其生活的更狡猾的办法。过去几小时的感知，关于有人检查了他的回忆和思考——他不能让蒂塔为此担心。但阴险的侵略者已进入他的感觉一点也不含糊。他的脆弱的完整似乎已吸引了他们，他的恐怖的抵抗力不过是让他们更加大胆。

他要保护图像（免）于这样的入侵，这图像有一点只有他才看得见的微光。

他不安地逗留于每一个细部，以确保画像依然完好无缺。是这样一个画面，充满狂热听众的大厅当中，是极度的静止、沉寂和孤独。到目前为止，在这个瞬间，巴塞尔①的音乐会还没遭到什么干涉。他和她彼此相邻，依然坐在各自的斯坦威②前。在一个渐慢，他俩都扭过头，遇到了对方的目光。

有那么一秒钟，他们停住了，手抬了起来，一丝笑挂在唇边，这笑不为人觉察地总结了所有他们一起在钢琴边的时刻。一个人的眼睛掉在另一个的眼里，降落，降落。这一秒，延长更延长。两个打击乐手拖延了演奏，好像他们热衷于对那违背自然法则的犯罪投以尊敬。观众屏住呼吸，但不知奇迹。秒钟延长、再延长，在一个试图包含一分、一分、又一分钟的尝试里。没有什么超过这眼中的眼。没有接触，甚至没有一丝转瞬即逝的、呼吸在呼吸中的相遇。只是目光在目光中。而手抬起，在一个好像没等待什么的等待里。这瞬间是一生。

①　Basel，瑞士第三大城市。
②　Steinway，德国钢琴品牌。

　　是在这夜晚光线的反照中，现在，第一次，他看到记忆图像的失重了吗？事实上，他看来像是在比凳子高出几公分的地方。他自己觉得，这一刻，他不会重于49公斤的一小部分。三角钢琴呢？他绷紧记忆。现在已经是很清楚了：他们几乎触及不到地板，在最后的最高音的停顿敲击中，甚至朝一边移动了几英寸。

　　对这音乐中的悬浮体验他是那么的了解，现在只和一个比一切的接近更亲近的独特图像有关。但他也察觉到那是如何给分割的。

　　椅子上激动的观众看来也一样的失重。假如他们放下抱着的节目表，小册子就会被遗忘在虚空的空气里。

　　悬浮，就像尼采一度引起他注意的！

　　尼采，是的。图像突然褪色。一只灰狼意识到成功地渗透进了他的意识。他赞同他的先知之一，其观点正传布于整个欧洲。

　　记忆的图像明显褪色。其中突然有了一笔自以为是的抽象。事实上几撮狼毛难道没在键盘里，几根非常纤细的毛发难道不是嵌在两个琴键之间了吗？显然，他得保护图像抵抗入侵者。

　　但不管怎么说，尼采不属于他们。狼人们对艺术的失重可什么也不懂。他们看不到一个悬浮的查拉图斯特拉 ①，只意识到他关于高位的人的古怪寓言，从中狼人们要把自己投射进去。理查德·施特劳斯 ② 是懂得尼采的，并且他的查拉图斯特拉给人重新作曲的灵感。灰狼们可从来没能给谁什么灵感。他们难道不是亵渎了尼采，就像他们粗暴地歪曲他？而现在，他们想用他们误解的哲学家来作错误的钥匙，试图悄悄进入他。

汗因保护图像的努力从太阳穴渗出，保护两个茫然悬浮的钢琴家、目光迷失于目光的图像。外人还没能占领这图像。可它给那些不知这到底是什么的狼人拿在手里翻转，最终变薄，失去了很大一部分光泽。

对他们私密生活的干扰让他觉得是那么恶心！这是不能忍受的，完全不能忍受。

---

① 查拉图斯特拉（Zarathustra，约前 628 年—前 551 年），琐罗亚斯德教创始人。德国哲学家尼采著作《查拉图斯特拉如是说》即假托其名。

② 理查德·格奥尔格·施特劳斯（Richard Georg Strauss，1864 年 6 月—1949 年 9 月），德国晚期浪漫主义作曲家、指挥家，深受莫扎特和瓦格纳影响。1933 年任纳粹德国的国家音乐局总监（事前未与他协商），后与纳粹意见不合，1935 年辞职；战后受审查，1948 年由政府澄清。事实上，他因创作《埃莱克特拉》、与犹太作家茨威格合作《沉默的女人》、儿媳是犹太人等原因一直受纳粹监视。他创作了大量交响诗，其中就有据尼采的《查拉图斯特拉如是说》写成的同名作品。

　　哪里有过这样终极的保护私人生活对付察看的需要？有时，甚至是对付母亲的察看。就像他还抽烟的那会儿，焦虑地用手掌保护火柴的火苗免于风的侵袭。母亲的察看！哎呀，他几乎都忘了，但现在，突然间，这情景全都呈现在眼前。母亲有些惊讶的疑问，关于他的学生果真要留下来用晚餐。还有他不情愿的回答："我们结婚了。"要不是这毫无准备的披露，和玛塔①的婚姻说不定还能再持续几年，就像合拢的手掌间的火苗。

　　那时，可怜的姑娘才十六岁。若不是有一天，她一时失误将她的老师称作丈夫，她在家中几乎就保住了秘密。多赫南伊②也绝不会想到，他会在该死的贺电中泄露秘密吧？他该明白，巴托克是多么讨厌这种对私生活的侵犯。

　　没错，没错，他可能一直被告知是内向的。自然，在他和另一名年轻学生坠入情网时，他绝不可能有所行动。当他想起，玛塔是如何果断地干预，明确将他放弃

　　① 巴托克的第一任妻子。1919 年巴托克 28 岁时和 16 岁的 Márta Ziegler（1893—1967）结婚，育有一子。后来巴托克爱上其学生蒂塔。1923 年巴托克和玛塔离婚，两个月后与蒂塔结婚。

　　② 多赫南伊·埃尔诺（Dohnányi Ernö 或 Ernst von Dohnányi，1877 年 6 月—1960 年 2 月），匈牙利作曲家、钢琴家、指挥家。

给年轻对手，他感觉到脸发烧。是的，事实上是玛塔将蒂塔放入了丈夫的需要和期望。

而他自己，一个最羞涩的人，在奥托·克伦佩勒 ① 快乐的眼睛里，成了个真正的拉瓦雅克 ②，毫不害臊地和两个妻子出现在排练场里！

不，通往他私人生活的门是禁止开启的，就像他的蓝胡子公爵 ③ 的第七道门。

这可耻的野兽群已糟蹋了他最珍贵的回忆，试图毁坏它，假如还没做到清除。

显然，图像是那么地饱和，以致，他的敌人要毁了它还有些困难。这包含着蒂塔和他生命的很大一部分。特别是，他教授她的那些时间都凝聚在这一秒钟里，这教学最终得到深化，超越了所有的教学。

那时他想传递给她的是什么呢？对乐句和节奏，加

---

① 奥托·克伦佩勒（Otto Klemperer，1885 年 5 月生于弗罗克劳，1973 年 7 月逝世于苏黎世）是犹太裔德国指挥家、作曲家，晚年获以色列国籍。他被认为是 20 世纪最伟大的指挥家之一。

② 16 世纪刺杀法国国王亨利四世（Henrik Ⅳ）的弗朗索瓦·拉瓦雅克（François Ravaillac）。据作者说，这里是代谐趣感，引申出流氓的意思，指玩弄女性的人。

③ 独幕剧《蓝胡子公爵的城堡》（Duke Bluebeard's Castle）是巴托克的一部著名的歌剧作品，于 1918 年 5 月 24 日在布达佩斯歌剧院首演。城堡里有七道被锁上的门。

速和音符长度增减 ① 的极度小心的重要？他当然不仅仅
是证明节拍器，也带着点羞怯的骄傲，节奏在分秒中展
现，在每一个乐章的最后。而同样重要的，是突出某样
任何一个学生甚至还没留意的东西，那还是以几乎匿名
的方式，可也能让人感觉到其活动的东西。一个像接生
术的教学，一个助产士的艺术。

　　唯一的问题是，到底谁在帮谁。只是现在，他惊奇
地意识到她是如何把他引诱到一个新的清晰度。他的手，
在示范过程中，关于几个节拍该是什么声音，放慢，放
慢，越来越慢。这天，他们没再多弹。

　　他实在是可以走进记忆影像的任何部位，这微观世
界，从中找到大块的，他的生活，他的作品。就让这在
演奏中格外逗留，这时刻打断了练习，现在又回到了音
乐会停止的瞬间。在减慢的音调中，有遥远的匈牙利村
庄的气息，带着泥泞的车辙，愤怒的苍蝇，老乐手的笑，
他穿的斑驳的黄裤子，他戴的黑帽，平原上的冷风，拥
挤的录音室内的激动，那里，凝聚的呼吸从迷蒙的窗上
滑下。是的，小提琴在宣放式自由节奏中，这让他想起

---

　　① 　*empo rubato*（Italian for: *stolen time*）音乐名词。由独奏人员或
指挥决定的略微减慢或加快节奏。

格里高利圣咏 ①，他想将这民族音乐提出来，融合到他自己的作品里。

两个钢琴家在彼此的凝视中迷失的场景被狠狠地翻阅、擦刮，起了皱，但大部分还是未遭损伤的。入侵者毕竟给扔了出去。但有种令人作呕的被玷污感。

---

① 格里高利圣咏是罗马天主教做弥撒时所用的音乐。公元 6 世纪末，罗马教皇格里高利一世为统一教会仪式中的音乐，将教会礼仪歌曲、赞美歌等收集、整理成《唱经歌曲》即"圣咏"，共有三千多首歌曲，后被称做"格里高利圣咏"。格里高利圣咏只用人声，歌词用拉丁文，不用器乐伴奏。格里高利圣咏没有和声和对位，旋律简单，不用变化音和装饰音。

巴托克向后抵在椅子的镂空靠背上，对黑汽车投过胜利的一瞥，他意识到自己的沮丧，有另一幅更旧、但一样珍贵的图像刚刚被敌人占领了。和敌人的关于音乐会记忆的较量让他看清了关联。

　　早晨，当他捡起他最珍贵的相片，那相片，他旅行时总带着的——他得到了一个怎样的惊诧！图片发白了，是的，几乎一切都褪色了。像是长时间处于强烈的阳光之下。无法理解。现在，他总算明白到底发生了什么。

　　他无须把相片从钱包里掏出来细看。早晨的刺激那么强烈，这是烧在眼帘里的鲜明印象。相片仍然试图显示的是和刚才记忆图片里不同的一个房间，一缕光线，一缕早晨的光线，更准确地说是普斯坦的，可你在这里，也能感知钢琴的回声。嗯，巴托克的听力坚持说：从一张相片感知声音也是可能的。一个几乎完全被抹去的人，似乎坐在椅子上，一个灰色的磨损了的轮廓还能分辨出来。椅背的装饰图案能从刮掉的图形中觉出，而布本身是没有了。给刮掉了的眼睛也不复存在——只有目光持续着、持续着。这目光是一位母亲的。

要分辨出她前头的男孩得费点劲。他们俩都坐在钢琴前，他把手放在键盘上。他的姿态是确信的，他八岁，刚好够大。虽然，这只有他知道。

母亲似乎刚把他的右手正确地放在琴键上，约略朝大拇指方向倾斜：我可告诉过你多少次了！她自己的手看不到。手和面庞一样已给擦掉，只是些纤细的绒毛透露她在图上。事实上有个薄薄的、薄薄的唇的暗示，嘴唇已给刮掉，只留下这几乎无法察觉的翕动。

他沮丧地意识到，这损失是当前在全欧洲发生的一切的一个古怪例子。一个无情的势力试图从被征服的意识中抹掉过去，清除每一个珍贵记忆——那会带来同一性和批评性反思的，消除掉每一个会招来愤怒反抗的整体体验。

他的敌人为何偏在这幅图片上占了上风？这里头，他有罪过，这一点他清楚地感觉得到。所有那些他原本可以告诉她，却没吐露于嘴唇的，是些字眼，那本可加强对他和母亲共有的一切的防卫。在萨嫩 ① 的最后一个夏天，是从她那儿剥夺来的三到四星期，绝对多产，而她付出了代价。似乎那时他做的一切，撕掉了她气喘吁吁的存在。是的，好像双钢琴奏鸣曲已从他们可怜的一点钢琴前的时间里吸出了它的气力，而打击乐从她薄弱的身体里偷走了不平静的心中的声音。他为自己的音乐牺牲了她，这肯定永远无法弥补，就像所有这些忽略，在更遥远的过去咕哝，忽略超越忽略，在很远很远之外。

这个夏天的音乐是他的敌人有理由惧怕的资源，可他也为这武器付出了母亲最后的日子。

也许他会觉得稍微好受些，假如丢失的图片是他的第一次钢琴课，那天，他过五岁生日，刚满足了他最殷切的愿望。那时，他和他的母亲还没开始弹奏进各自的生活。她难道不是不大愿意教他，因为他那么弱？嗯，一刻钟或是最多半小时一天，更长些，我们可不敢。医生认为，男孩脊柱侧凸，不能坐。吃饭他得立在桌边。他要是累了，他总可以躺在地毯上。琴凳上可怜的一点时间定是他和母亲之间的秘密。

---

① 萨嫩，Saanen，瑞士伯尔尼州的一座市镇。

但这样一个练习课的照片自然是没法拍的。琴凳上的五岁男孩被天花疫苗注射后的皮疹所折磨，他躲开同伴，完全隔绝地生活在家里。他自然是要不顾一切地躲避相机镜头的——皮疹的羞耻那么巨大，哪怕一张记录也难以忍受。

三年后，至少害羞是消退了。但总算让拍下的这张照片上的八岁男孩，坐在凳子上，看来带着点违背早就过期的医生指令的心虚。他看上去依然像是早先的年月所意味的孤独的化身，那些脸上、身上不断发疹子的年月。但同时，那完整的身形或不如说残留的身形的轮廓有着一种责任严峻的态度。父亲刚去世，他自己按严酷的逻辑意识到这情形，他得作为家里的男人介入，却假装并不知道，同时要把遗产继承下去，那些从无而来的音乐灵感，那些对未知的一切永不知足的好奇心。遗产得背负下去。

从这磨损的照片上还是能感觉到这么多。然而母亲几乎完全给刮掉了。难道不是仍有个慷慨的线条外加准确性和组织吗？就好像她是自然本身，带着所有的随意性和体系——同时具有挥霍的自由和结构。她是宽大心脏的责任弯曲了的轮廓。

是的，这苍白的图影上有些弯曲的一块空缺——
是她，刚给孤单地抛下，和两个孩子一起，他八岁，妹
妹三岁，现在，先靠上些钢琴课应付生活，接着作为乡
村教师零星地授课。她真得蜷缩着。此后她得以在波佐
尼 ① 的一段时期，还有什么是她没替自己和孩子们打算
过的呢！甚至那些称呼这城市"布拉迪斯发"的人，
也承认这是个文化的熔炉，有匈牙利最蓬勃的音乐生活。
不过，还没到时候！她还得再走上一段时间的弯路，等
待在这城市立足，好让她儿子有机会学习弹钢琴及和声
学。难道不正是那些年把他和母亲连得那么紧吗？那些
年，乐谱复乐谱，练习到彼此的生命里。那些年他们学
会了没有语词的彼此交谈。而在音乐的帮助下，她最终
得以让一个孤独、内向的男孩走出了他自己。

奇怪的是，她对他的野心还在图片上，可那蕴涵
野心的头颅已给抹去。就像刚散去的烟花在空中留下的
轨迹。甚至没法弄清，她是如何努力帮他登上作为音乐

---

① 布拉迪斯拉发（斯洛伐克语：Bratislava），斯洛伐克共和国的
首都和最大城市。位于斯洛伐克西南部，多瑙河畔，紧邻奥地利和
匈牙利两国边境。该城市名定于 1919 年。史上有许多来自不同语
言的不同名称，知名的有，德语：Pressburg，普莱斯堡，匈牙利语：
Pozsony 波佐尼。

家和艺术家被认可的崎岖道路，当他的《科苏特交响诗》①1904 年在布达佩斯获得成功时，她是如何幸福地哭泣，以及，她是如何担心那持续的疾病威胁他的艺术性。假如她没用自己最后的积蓄带他到梅拉诺②过冬，让他变得那么健康，健康到得以再次演奏……到头来这真让人不敢想。

但徒劳地，他试图明白她充满爱意的策略将如何阻挡他面对实在过于危险的可能。就比如音乐教授邀请这十来岁的男孩进音乐学校时，她则希望保护她的脆弱男孩，免于尝试和这般年纪的陌生人的接触——可也不想让他失去中学教育。又比如，托曼教授不试试那羽翼到底能承受多少，她就不敢让他去布达佩斯的音乐学院。还有，为保险起见，她违反规定，跟随她的小树苗去入学考场，她焦虑但无比强健的思想帮他在这紧张的表演中把手放在了正确的地方。

他绝望地明白他多么想告诉母亲，他要感谢她，为这一切。这该死的害羞，每次都在他试图吐露时拦

---

① 巴托克的作品。从匈牙利政治家科苏特得到灵感。

② 梅拉诺（意大利语：Merano）是意大利的一个镇，以温泉浴场而闻名。

住了到嘴边的话！假如他还能伸出手去抚摸她的脸颊！就像是一个梦，手指没法抬起，去够她起褶的肌肤，因为手臂固定地长在桌面上。现在太迟了。一切突然间都太迟了。

假如他没忽视母亲，也许这唯一拍下的钢琴课上的她能得到捍卫。现在只是痛苦的缺席，这情形明白是发生过，却已失去所有的感性。别在相片里找她的目光，刚才还在那儿坚持地闪现的！那上头是再也看不到了。无须从钱包里取出相片，他知道那目光已完全变得抽象。

彼得①会怎么样呢？他明年能成功抵达美国吗？抑或他们会把他当作人质以便更好地操纵他父亲？

野兽王国自然发现了人的弱点：孩子。它试图嗅那只在梦中显现自己的焦虑，嗅到了那人睡衣上的汗味，那人刚刚大叫着："孩子们！"，惊坐于床上。

这两个犹太家庭的漂亮孩子在周六的桌边几乎坐不住。男孩滑到椅边，吃了母亲的责骂。女孩转开脸，很恼火，哥哥逃脱了吃饭，她却没有。父亲把一只抱歉的手按在女儿头上。他的脸那么痛苦，他一次次推迟了逃离，虽然他意识到这有多紧急，而现在他为家庭的易受侵害而发抖。两位父亲迎着相互的目光，带着自觉的共识点点头。孩子们。

_____

① 巴托克和蒂塔的儿子。

但愿巴托克也能听到未来！

是的，好像他真可以听到来自未来的微弱信号。苍白、不均匀的悸动，像来自他自己的心脏。似乎他能感知到前头自己的担忧，一个没有明确目标的担忧，但正处在可破解的含糊当中。自然这关系到彼得。

希望低语：焦虑的父亲某一天在一个已熟悉的地铁站能意外地遇到他儿子，比如说，231街。意外，因为到达日期就跟船名一样不为所知，审查显然已将准确信息从彼得的信里勾除。

他能看见男孩在船上，依着栏杆直勾勾凝视着还未在地平线上出现的新国度。船头的名字给抹去了。黑色铁板上只有个白色表面。摩擦的痕迹延伸到船侧，显然是为了让穿行不仅匿名，也意识到不懈的监视已收得更紧。

就像是审查和狼人们有着同盟。就像是这些在意识和景观里的擦拭启发着全面战争的忽而这一方、忽而那一方。没错，就像是灰狼的方法成功地让自己进入到正义一方的行动里，把古怪的抽象结果丢给忽而这一个、忽而另一个政府机构的接触。

但不管怎么说，希望的信息是，彼得立在地铁站，也许脸上有擦痕，但他活着。

　　希望，是的。下一个信息表明，男孩毕竟还滞留在里斯本。蹄子在他准备登船的一刻拽住了他。他在粗砺的肉垫和张开的爪子下哀号。父亲听到了这穿越国家和岁月的哀号。

　　这是个用不确定性来折磨父母的问题，先给他们点希望，以便有一个充分衡量了的时间间隔让希望受挫折，意外地放松捕获之物，这一回，拖延了残酷，"哦，不，这你肯定不信。"咳，如果人们想对自己漏掉了的，那本该在铁丝网后、在他们的价值中冷静思考其智慧的父母来点报复。但首先是个陷阱。它已在这父亲绝望的大脑里植入个念头，回欧洲和儿子团圆。这么想很自然。假如你设法安置了文件，野兽王国最终还是把持着过境签证，父母得问自己，和自己返回相比，让男孩走入未知和风险是否更可取……唉，不管是什么。有孩子在蹄下，独裁者能控制父母，想在哪儿就在哪儿。

　　这吸嗅的野兽欲，有一群庞大的盲从的公务员作帮手：随机应变的官僚和薄情的小布尔乔亚不会让什么名流给吓唬住而让其得到利益，成群的吹毛求疵的小公务员，他们的终极打算是利用自己拥有的小小权力。是一个永恒的种属在一个特殊的时代，在这坚决的命令中获得了它的全盛期，并打算好好对此加以利用。

好吧，纯属假设，年轻人能得到访问签证。但必须认识到这是种特殊的宽大，只在有限的时间和特定条件下使用。此外，自然需要可能会经过的国家的过境签证，对个案会有什么样的决定，当然都取决于相关的权力部门。

嗯，当然。

另外，必须了解的是，宣战会使原先申请到的签证失效。

那么，整个程序得从头来过吗？

当然。如果美国方面的特别许可在这种情况下能提交，穿行本身须首先从英国方面获得许可，然而那里似乎就有个先决条件，美国旅行签证是已获得了的。根据经验，这很不幸地会造成延迟，保证了的过境签证靠不住，整个程序得重新来过，自然是据新世界格局的要求。

可是，老天爷，人到底该投奔何处，伦敦、里斯本还是华盛顿？到现在，我们已尝试了所有想得到的出路。

你们有没有在柏林试过？

巴托克夫妇等待儿子得等很久。

不管怎么说，那些麻烦的公务员和他们背后影影绰绰的老板对那对话一无所知，十七年前，他和儿子的对话，坚持要在美国不确定的年月里伸展影响。他们对小彼得的祈祷也几乎并不知道，他要学弹钢琴；也不知道他父亲颤抖的决定，将自己当老师，试着依照男孩的情况用一套逐渐写成的钢琴小品回应。"小宇宙"这字眼不会告诉他们一丁点，音乐包含的对话在他们的感知边走过。他们怎能察觉彼得的热诚，他的还未经培训的手指要求着采用教育名词的答案——但答案保留了在必要的简化途中的创作者丰富音乐世界的所有方面？甚至让作曲家发现自身的新层面。他们怎能辨别学生日益长进的技巧，使老师这边回应的再发展成为可能，从五个手指的基本练习到要求苛刻的音乐会曲目第六卷——这一切都在一个可塑的简单性里？他们怎能想象，这深化了的会谈导致的完整风格，是后来经典而简单的音乐语言等候在尚未发生的未来某处的先决条件？他自己终于明白的是：一个人越是成熟，似乎越是滋生出一种希望，节省资源，变得更简单。教会他这一点的，是多年来和彼得的对话。

难道不正是本着这精神，几年前他在布鲁塞尔的一次采访中回答：弦乐四重奏凝练到了极顶，在近来的管弦乐作品中，他致力于最大可能的简练。采访中，彼得不为人所见地，就坐在他身旁。

但当斯洛伐克室内乐团举行民歌广播音乐会时，他在布鲁塞尔受到的巨大震惊，彼得知道吗？他可能也会以为乐团是从乐谱上直接演奏得那么惊人。但父亲给他们积累了的是多么大的难度，这里、那里，对合唱团也是！不，他将来不该再写这么难的合奏。而这些复杂性，他花费在这作品里的是以民间音乐为出发点的！

然而，巴托克对这以及早期作曲中给他自己、音乐家和观众注入的复杂性并不后悔。没有其他走入巨大简单的途径，除了穿过复杂的迷宫、地下隧道和窄窄的小巷。超越过度的紧张、过度的辛苦之后，最简单的音调才会出现。到了这地步，会有一种成熟的简单，它记忆着一路上所有的障碍和抵达此地的艰辛，却什么都不显露于其宁静的自然。

若是他带着极大的忧虑倾听未来，是这对话——未完成的和彼得的对话，到底给了他希望。和彼得开始的第一课许诺了后来、远远的在未来的场景。有彼得作为倾听者。

未来怎么好像如此单薄、破损？一时间，似乎某种未知势力从意识中删除了某些珍贵图像，另一时间，又像是面庞本身给磨到匿名。也许，他也必须为了未来和敌人搏斗。

　　即便是尼姆的这几个小时，已让人明白席卷今日欧洲的权力的狂暴。墙壁快给消磨到透明。迎面而来的目光让所有的防御抽空。最好的对消除的抗拒是罗马遗迹，新帝国显然从其中认出了自己——露天剧场像期待已久的令人兴奋的对决，城墙带着无情的大门，神庙的柱子从不嘲讽地呼吸。所有这些粗砺的石头闪着光，仿佛就要说出什么话。

　　这些来自胜利的罗马帝国的顽固字符，想要告诉他什么呢？

　　甚至自己的城市也不能给带到未来的日子里去。布达佩斯特是他的一部分，但他不能保卫它的街道、桥梁和房屋。圆形广场 ① 近来被重新命名为希特勒广场，那里的砌砖一定饱受苦痛，以至任何时候都会让脚踩穿。他们住宅外的街道会否认他。树木——因为那儿确实是有那么几棵树的呀？——已收到悲观的诊断。墙上的石膏仿佛是有人拿大锤给敲了，窗户吹走了，好似在一场轰炸之后。连他自己的房间也认不出来了。深色的有暗刻的，带了复杂的镶金装饰的餐厅家具，村木匠贵依·潘泰克 ② 的作品，已经变白，失去了大部分的实质。工作室遭到的冲击更严重，三角钢琴、写字台、高高的柜子，不再有任何意义，挂在墙上的壶和有花饰的鞭子成了难以琢磨的涂鸦。他内在的视线看到了这一切。这是很快就再也认不出他来的一座城、一个家。

也许他憧憬的美国篇也一样脆弱。他紧张地听着未来，那些声音，也许是新的充满活力的音乐，也许不过是他自己越来越疲惫，越来越拖沓的脚步。

但他什么也听不到。一种奇怪的、难以理解的，在

---

① Körönd 圆形广场在布达佩斯，1938 年更名为希特勒广场。1945 年恢复原名。1971 年更名为 Zoltán Kodály 广场，因为 Zoltán Kodály 这位匈牙利作曲家和音乐教授曾住在这附近的房子里。

② Gyugyi Péntek.

刮擦和践踏间的声音。与此同时，他感觉到有什么无价的东西生长出来，也在生长中停止。他注意到自己的左手拨弄了一会桌上洒落的盐粒，在粗亚麻布上打下个圆印子。正是这声音——但现在是远远地在另一个年头里。

他知道！从前，他在北非旅行前读到过。当罗马人在一系列战争后完全击败迦太基①，把盐洒在泥土里，于是，没有什么能再从那片地上冒出来。被践踏的文化不许有未来。

我们时代的野兽王国对被蹂躏的人们所作的不正是这个吗——把盐搓在意识里，以便没有谁会有什么未来？他们在头骨里搓进盐，没有记忆能延伸到将来，没有经验好在后来的岁月结果，没有反对和可供选择的回答生根于那等待着的。他们留下因为盐而褪色和磨损的记忆，他们丢下一个停止的现在，这现在因为坚定地擦入的晶体闪着光。

新国家是个巨大的冷漠无声，一个在他出现于视野里之前已将身子扭过一半的文化。对一个带着其名声、

---

① 迦太基（Carthage）坐落于非洲北海岸（今突尼斯），是奴隶制国家迦太基的首都。公元前149年，罗马人再次围攻迦太基，迦太基人在抵御三年后，于公元前146年春被攻灭。这是第三次布匿战争。此役后，罗马决定把迦太基城夷为平地，据说在迦太基田野撒了盐。

正直和行李里激进创新的努力来到这里的欧洲知识分子，他面临的反应看起来像个抵制。但如果你仔细想想，现在那新主人是让什么给缠上了呢？他们看到的是个单薄、苍白的匈牙利人，成千上万匿名的，不，抽象的，在这大西洋安全的彼岸寻求避难的欧洲人中的一个。没错，他把自己看成领先的作曲家和研究员——可这些字眼没什么实质。不管怎么说，他已从他有过的一切里给刮掉了，他几乎无法识别，作为一个灰头土脸的井底之蛙，或作为值得算上的经受了磨练的大人物，可都是一样。某些自己的对未来的贡献，他好像怎么都没带上。是的，是的，那是一度叫欧洲的地方在强权的行为后遗留的。但这是他的事。稍微小些的，特别是没危险的教职，甚至更谦虚的研究助手职位在紧急时可以想见。但是，天哪。你当然好拿这些带着他们的骄傲和破箱子来这里的知识分子施肥。移民流中的一个或另一个兴许对大学或国防工业是有价值的补充。但众多的没有脸孔的人！

而这家伙实在是个单薄的生物，磨损或不如说给刮擦到了透明。如果不是皱纹上一两颗盐粒的闪烁，这张脸就会完全无法把握。

的确，巴托克可能听到了直抵他们的新世界的呻吟。

就要看见他了。其实并非抵制在等待。是个哈欠。事情的真相称作抑郁症。

可他在新大陆还没有立足之处吗？早在春天，他已和约瑟夫·西格提以及本杰明·古德曼合奏了《对照》①，得到了些音乐会和在大学工作的许诺。11月3日，他们将在纽约为两台钢琴和打击乐器演出奏鸣曲。而最重要的是，他有个哥伦比亚大学的任务，整理米尔曼·帕瑞②留下的塞尔维亚-克罗地亚语民俗资料，2600多张留声唱片，和自己的短录音比——那借助当时的简单工具流传下的，是完全不同的品质。这些歌曲，往往是史诗，在古斯勒琴的伴奏下，最大可能地接近了荷马史诗。转录和分析这样的材料必须包含和丢失了的那片欧洲在难民王国中的聚合。此外，要来的相当一段日子的经济相对安全。刮擦和旋转声能让自己感觉到。嗯，对一个"客座音乐副教授"来说，算得上是相当体面的收入了。又一轮的刮擦

① Contrasts 是巴托克1938年作曲的单簧管、小提琴和钢琴的三重奏曲目。是对匈牙利小提琴家约瑟夫·西格提（Joseph Szigeti，1892年9月—1973年2月）信件请求的回应。本杰明·大卫·古德曼（Benjamin David Goodman，1909年5月—1986年6月）是美国著名单簧管演奏家。

② 米尔曼·帕瑞（Milman Parry，1902—1935）美国学者，研究史诗，是口头传统原则的奠基人。

声。哎呀，哎呀，至少一直到 1942 年中期。

那么然后呢？盐给用力地抹上了。研究能完成吗？或者，他会不会被迫在工作的中途停止？那样的话，经济上可怎么应付呢？未来越来越薄，越来越闪烁着盐的半透明的光。

音乐会一定能提供不错的收入。大体上说，对老迈的欧洲音乐的兴趣可能不是那么强，但他可不是随便什么人。不是吗？字眼在闪光。

只是现在他意识到前头另一个更尖的刮擦声，钢笔在纸上不情愿地拖曳："最糟的事情是，我们没得到足够的承诺，这给我们的生活带来很大困难。我的哥伦比亚大学的工资因为繁重的课税，很难够三个人用……"

没错，这是他的音调。看来距这会儿甚至没有两年，也许只不过一年半。来自同一时期的可有更多？这似乎是个一次性的信行，褪色的，一半擦掉的，暂停在拌着一小撮盐的起褶的时间里，然后再扔回到这里。

不过，又有了钢笔在纸上的滑动："有过两架来自鲍德温的免费钢琴，一架沙龙三角钢琴，一架竖式钢琴。是今天我才得知，竖式钢琴要从我们这儿给拿走了……没钱去租另一架钢琴，所以我们将没有在两架钢琴上研究作品的可能。而每个月……类似的致命打击……"

他因这未来命运的打击愣住了。假如蒂塔和他没机会研究某些双钢琴作品，他如何养家呢。而那大学微薄的薪水，在研究工作外到底会要求他些什么呢？继续干下去，他一定会不得不忍受大量的教学。在这种情况下，他如何去创作新的音乐？他需要一个虽不宽裕但有保障的经济，以及一定的余暇，以便真可以作曲。

他听到的真是钢笔吗，还是胜利者在他的存在里揉进胜利的盐？他从西服上掸掉几颗盐粒。

这些句子真会是他捣鼓出来的吗？他讨厌写信，总是从一天拖到另一天，不，完全是拖到第三天——或根本不写。当然，业务信函：委托、合同。但描述那些流过他的生活和音乐，几乎从不。依然，这是他自己的充满苦闷的调子。

写信这样平庸的事能让人这么痛苦。试想，假如人不必写信而是让信给写了……正是如此，真正的信不是这些人们费力挤出来的，有那不耐烦的收信人地址在自己眼前。真正的信在空白的纸页上就有了你所需要的养分和冲击力。它们不花费时间谈论你是什么。它们立即声明你有什么样的使命，并带着一丝浅笑，指示一条意外的道路。他在匈牙利村庄采歌期间所写的，不正是这样的信吗？

　　从那刮擦得干净的欧洲，再不来更多的书信。而这新大陆没什么给他的。嗯，其实是有个邮件。仿佛未来是只巨大的信封，缺裁纸刀的他用小指扯开。他把信拆开的声音已经难以忍受，街头噪音的集合似乎要阻止他考虑一首曲子怎么收尾，而那周而复始的地下火车的咆哮，并不管耳塞，像是威胁说要摧毁他精细的神经系统。奇怪——信封看来是空的。但那是一个细看却包含粗鲁要求的空洞：想要成功，他就要让自己为人瞩目，想要活下去，他必须证明经济成果。没别的什么了吗？他摇摇信封。却只掉出些盐晶体来。

温暖的普罗旺斯光线早已失去它金色的调子。它变成烟一样的苍白正在为黑暗征服的途上。邻桌的香烟，这里、那里在黑暗中闪出红光。天也越来越凉，但其他客人中没人流露出想要挪到点上了灯的温暖的饭店里去的迹象。好像黑暗和寒冷都只是他的事，那等待着他的一切的前奏。

　　接下来的几年看来只是个无能的绝望。但那让他担心的——贫穷，缺少时间，还有噪音——都总还有那么些微不足道。如果动力是强大的，那它总还是会强迫自己通过阻碍。还有另一些更可怕的事。

　　继续存在于前头等待着的一切里的锉和磨的动作，感觉已抵达他的创造力。源流还好好地在那儿——他对民间曲调的改编和分析呼啸和闪烁出它们想给他一切。愤怒和战斗意志在那儿——这些他得赋予声音的愈发不耐烦地等着他。只是他自己的回答还无力成型。就像是在梦中：你试图说话，有些非常重要、必须说出的，但舌头焦了，呼吸凝结在嗓子里。他的前头的日子充满了未书写的音乐。

他所感知的全部，是个不时出现的小提琴音，琴音如此单薄，他不能确定这是春天耳部炎症的后遗症，还是，这存在于他之外。

他的，在体内和创造性的部分接触的处方——它在新大陆还能行得通吗？

为什么不呢？提问来自未来的朋友们。

那么，他需要在春季学期的工作结束时到群山之中。在瑞士的阿尔卑斯山或塔特拉 ① 的初夏，当他们——蒂塔、彼得和他——爬到树线以上，他呼吸得更自由，感觉信心在体内扩散。城市生活的声音、烟雾和有轨电车的吱吱作响沉到底处，而想法带着新的勇气相互紧握。那里只有天光以及那些嘲笑的风，高高的稀薄的空气以及微微闪光的积雪的山峰，惊讶了坐在炽热阳光下的他们的多风的天然，彼得粘上了双眼望远镜，他自

---

① Tatra，塔特拉山脉，喀尔巴阡山脉中的最高山脉，斯洛伐克与波兰的边界山脉。

己，西装裤卷到膝盖之上，而蒂塔具讽刺意味的，在相机后看不见。而他已处于从未听到过的音乐断片之间，一半走进了还只存在于他脑际，打算稍后在夏天处理的乐谱。是沿布满松针的打滑的小道，穿过暗黑的云杉林而上的自我努力，然后爬上多石的斜坡，这巨大的努力现在转换成醉人的喜悦，整个人完全给打开，风拖过胸腔，一个大扫除卷走了冬季的污物和担忧。他突然可以做一切，在太阳下辨认各种植物，把阿尔卑斯山香草夹在几张粗面滤纸间放入微型植物压板，用手捉小虫，在阳光下举起块透着蓝色的石头——在这一切之下，主题在头脑中成型，乐器在生长的结构中试探着位置。

而现在——在他前面的日子，在他前面的年份，似乎是无能的，无风的。这画着圈的，嘎轧嘎轧的声音淹没了其他的一切。

现在他没夸大吗？就在刚才他还掀起了一个巨大的创作波浪：弦乐、打击乐与钢片琴音乐，是保罗·萨赫尔 ① 预定给巴塞尔交响乐团 ② 庆祝会的，嬉游曲是两年

---

① 瑞士指挥家保罗·萨赫尔（Paul Sacher, 1906—1999）。
② Basel 是瑞士第三大城市巴赛尔。

后给同一乐团的，这中间，双钢琴奏鸣曲和打击乐是给ISCM① 周年庆祝的。而且，在美国也有高山。

巴赛尔的那几首曲子是开心的订购。但现在，在一个没人知道他是何人的国家的订购？不，比这还糟。在这国家，他被刮擦得几乎已看不出了。征服者的盐看来似乎已把他作为一个薄薄的轮廓扔下，在钢琴前无能为力，一天，一天，又一天，早先给他的音调带来实质的所有含有泥土气息的感性，所有粗糙的乡村的声音，所有不均匀的靴子践踏的节奏，所有炎热的普斯塔的景象都给剥夺了。

他忘记了他在美国有许多同胞，那些知道他是何许人的同胞，他们乐于帮助他……

不！他不能接受施舍。他只接受工作报酬。不幸的是，他是个无人问询的几乎看不见的轮廓。假如他得以把音乐写在纸上，会有人演奏吗？他预感将来至少会面临准抵制。那些顶级的交响乐团自然无视他的艺术，对那已写好的耸耸肩，然后谨慎地不再问他要任何

---

① The International Society for Contemporary Music（ISCM）是推广当代古典音乐的音乐组织。1922 年成立于萨尔茨堡（Salzburg）。每年在不同的地方举办音乐节和音乐研讨会等。

新作。

　　当然，他们真该羞愧得头皮发热！我们还是得相信会有转机。

　　但他自己内部的回答是沉默，沉默。一个沙漠般的给细小的吹尘穿过的沉默。在一个盐碱的沙漠里，没有什么允许生长。

　　沉默难道不一直是他的一部分吗？人们不是听说过嘛，他能和朋友静坐许久，也许坐到三角钢琴边，一起弹四重奏的钢琴改编曲——然后再坐下来，沉默半小时，凝视对方？母亲死后，他难道不是几乎一言不发，是的，认人有了困难，似乎，他先前曾通过他的语言识别他们，用他的语词摸索过他们的面孔？

　　嗯，沉默可能一直是他的一部分。但现在它被一个将沉默转去对抗他自己的强权征服，一个浸透着微微闪光的苦闷灰尘的沉默。一个抑郁的灰色沉默，却依然揉进了他的骨骼。一个沉闷的静默疼到骨髓。

　　他的目光于绝望中在桌上的物件里逡巡，试图抓住些具体的东西，他找到了翻倒的盐罐和那些无情的晶体。

　　但当他竖起耳朵听那最远处的，他清楚地听到了那单薄的，单薄的调子，远远地在另一个年头，一个在大师指挥下的小提琴独奏。这可能是耶胡迪·梅纽因 ① 。

他们没碰到过吧？

没有，但对有些人来说，确实是如此，似乎知道了很久才终于见面。

这唯一的小提琴穿过被刮擦的未来几近透明。一个赋格的提示，关于一曲几乎残暴的民歌，穿过薄薄的盐膜，那散到拖垮了的日子里的。一个浓缩了夜的宁静的哑音序列缓缓流入空无。不情愿地，似乎不管怎么说还是流出了一串四分音符，但同时平和得好像这终究和空无本身在一起，这空无是小提琴固执抵触的。

这确实是梅纽因在演奏。巴托克的眼里噙满泪水。他从未相信，在作曲家死去了很久之前，一部作品能被如此演奏。

音乐还在前方的某处，有一天会来和他相会。

也许。但这一定要耽搁好多年直到它找到他。他嘴巴里的咸味告诉他，一旦他开始新创作，那最重要的作品未完成就要被丢下。还有钢琴协奏曲，他打算献给蒂

---

① 耶胡迪·梅纽因（Yehudi Menuhin，1916年4月—1999年3月），美国犹太裔小提琴家。指挥家。他出生在纽约，后来是瑞士和英国公民。1999年3月12日在德国柏林逝世。

塔的双手的。

可他的敌人怎么刮擦进他将来的生活的呢？他的听觉怎可以如此敏锐，感知到还远未发生的呢？

答案很简单。就像死亡就在现在，未来就在这里，尽管没被意识到，但至关重要，一个愤怒的乐谱不耐烦地等待着得到创造。狼人们已经嗅到了其他够不着的书写的通道，无法让他人够着，但他的听力除外。

然而有着降低了的感性的灰色们如何能感知未来，并将其和它们抽象的思考连在一起呢？

那正是因为未来还是抽象的，还只是标志、符号，曲谱的直线和曲线，正因为此，对于它们非感性的工程仪器是脆弱的。它们在未来的乐谱本身里揉进了盐，那个他不时听到脑中旋律的乐谱，以试探性的表演，超过了任何他给予一支乐谱的不和谐。一支有大片白色斑点的乐谱，刮擦后的模糊的表面，消除了敌意。

那么音乐真是不管怎样都在前头吗？以便有一天，会将他转悠到那个聚会。唯一的问题是他的气力够不够。

似乎车里的密探注意到了。他们知道答案，一个带着邪恶的黑条子的答案。

他看着自己抬起的还没放下杯子的右手。是些细细的、有力的手指，要去思考新的音乐语言。但一次又一次地，有阵弥散的疼痛穿过关节，这疼痛讥讽地教导他，那些想法将被允许的是怎样一个有限制的到达。哪怕他只是知道袭击他的疾病是什么！

我们肯定能把这弄清楚。出生年份？职业？他又给拉进了和困惑的医生们的永恒对话。那么，他有这症状多久了？跟之前一样的"嗯嗯啊啊"。最近的这个白大褂只是在姿态上更像个军人，有着滑稽的胡髭。

巴托克知道这是个压向他的醒着的梦，但他没法防

卫。那么，他有这症状多久了呢？他感觉到危险，迟疑
地说。早在春天，当他在美国探测……搞巡回音乐会时，
他有了一阵阵低烧，伴着关节和神经痛，一个凶险疾病
的模糊征兆，恶毒地吐露给他，这会结束他的生命，但
这病显现了也会是不知名的。

他也许得把诊断留给医生。

但这正是关键所在。他得不到任何诊断，因此，也
就没有可见的治愈。诊断是艺术的姊妹。对现实的把握，
对比图像让看见成为可能。还有行动。而且，他可以把
否定回答体验为一种解放。他自己的反应一点也不必和
诊断分担阴郁。正相反。

就像是为了印证他的说法，一些节拍从潜在的音乐
中爬出来，那还没有写下的曲子，嘲弄着广场。一个 G
调的华丽旋律带着交替的节奏，转为一段老套的降音序
列，从肖斯塔科维奇的第七，伴随着木管乐器和小提琴
的咧嘴而笑，长号的滑奏的冷笑，以及像是手摇风琴的
滑稽。对着同事的针尖是明显的。但首要的是乐段是个
挑衅的"嘘"，公然反对命运，那现在穿着白大褂站在他
道上的。

在命运的最后一步里，他预感到有个声名狼藉的讽

刺。这于是就成了必然。在这一刻，那些经济的窘困消减，那些美国交响乐团跟他预定了新作品，公众半醒地开始发现他——然后疾病从他身体里夺走了全部的力量。

唉呀，那美国旅行嘛……医生发出干笑。巴托克该就近得到治疗。某些有前途的实验在进行……

是到这会儿，巴托克才注意到医务服上的纳粹十字符号。他惊骇地抬头看，意识到自己进入了一个营地。透过窗上的雨水，看到了铁丝网。当他们从那个带着他们和慌乱的一群人走过了半个欧洲的散发着臭味的货箱里给推出来时，他被迫和蒂塔分开。他抓着那另一个人的手臂。他真不想这样……

他正走着神，医生打断了他。有一种在这种情形下可投放的制剂。

制剂？

是的，通常你可能不会在一个有着巴托克的症状的病人身上尝试这种新的、有潜在危险的药。但在这营地，你可以有所谓更自由的手法，为医学科学寻找新途径。

更自由的手法？巴托克一半站起身来。

没理由激动。现在让我们先把这小表格填了。巴托克有过什么严重的疾病吗？

可笑的胡子后的医生抬起黑钢笔等着。

巴托克抿紧嘴唇，保持沉默。他是否该向这屠夫坦白，人们如何带着对这男孩虚弱身体的关心，发现了那些第一次的钢琴课？或者是他怎么在十多岁时因为支气管炎身体情况变糟，得到了放弃音乐事业的指令？取而代之，去做个律师！他要把那幅自己泪流满面的照片交出去吗？那回，他对着专家捍卫自己的生活，成功地摆脱了一个咨询员的威胁，关于至少得生活在新鲜空气里，吃有营养的食物。当他回到布达 ①，他找到了一个有更好空气的地方。

医生在桌上敲着手指。也就是说病人不会合作。不管怎么样，这里是有个记录的，巴托克非常虚弱，以至在战争爆发时免于应征。就是说1914年。咳，这本是好理解的。一个只有45公斤重的虚弱的小伙子可不是那种能挂上沉重的背包和步枪，再给打发上长途行军的。

不过……医生把头偏向一侧。对军队太脆弱——但也就是说，不是对音乐。音调是有暗示性的。

巴托克喃喃反抗。是，他确实有了时间作曲。他又

_____

　　① 布达是匈牙利首都布达佩斯的西部地区，与城市的另一部分佩斯隔河相望。

给自己说，缪斯女神在战争时期是沉寂的——这话不过是说说而已。

是吗？

巴托克咬紧嘴唇。

医生听了心脏和肺，然后，放下听诊器。没错，他能认出这些症状，无力，不时地会让发烧、发颤、关节隐隐作痛，以及像有蜂拥的昆虫在神经线路里的感觉交错侵袭。正如人可以料想的，抑郁症已在半途上了。

不管怎么说，巴托克不愿意给处理了，不能在这里，怎么也都不能。这儿实际上是医生决定。病人没什么好多说的，和随便什么组织样本一样。

他们甚至不能给他的疾病定名。那些他咨询过的专家……

专家！医生哼了一声。现在，如果他的民间的同事试图拿着真性红细胞增多症的温柔标签溜过，他宁愿苛刻的真诚诊断出患有白血病，这怎么说都只是比敷衍的东西更有意思的临床术语。现在看这里。

医生挂出一张奇怪的欧洲地图。取代平原、山脉和河流，巴托克自己的皮肤在怪诞的放大下，显现为毛孔的陨石坑和绒毛的森林。医生用钢笔指着，解释说这假定的疾病根本不是巴托克私人的事，而是一个无情地影响着整个大陆的推进过程。这联系里让人神魂颠倒的并不是靴子的践踏和飞机中队那席卷欧洲的阴影，完全可听和可视的。而是这病毒，进入发痒的皮下组织，颤栗地通过神经网络，分裂着，分裂着，分布进任何地方，主宰了身体就像大陆——留下个没有边际的灰色疲劳。

巴托克认为他明白。似乎他的疾病是欧洲的一个符号。可那样的话，什么是能让景象浮现的补救措施呢？

补救？巴托克理解错了。并没有要清除他体内的扩散的问题，而是要评定出能促进这过程的不同物质成分。促进渗透。欧洲是个疲倦的老人，不能给任何不必要的过长的衰老。从腐朽中将产生出一个新的纯种的未来。

纯种？

别装傻瓜！他没选哪一边吗？

没错，他选了。巴托克甩掉那被迫苏醒的梦，对散发出如此麻烦的建议的黑色汽车飞快地投过一瞥。但这会儿，跟踪者们似乎正忙着喝啤酒。

他不该以为仅仅因为他逃脱了营地医生的药物治疗，他们跟他已经完事。有更多的人要拷问他。有人清了清嗓子像要开始追究的检察官。

会不会有某种审讯，也许甚至是某种军事法庭，就像他不久前看到的，一个所谓的逃兵从难民队伍中给拉出来，面对坐在路边一张摇晃的桌边的三个严酷军官？在那种情形下，他会因什么遭指控呢？

他问谁要证据呢？他又不能有机会为自己辩护。

这过程将在以后发生……跳过他，可以说是。

他宁愿希望狼人……是这会儿。将来要审讯他吗？这可真是个暗算。

可是，走向法庭……那无论如何都太夸张。关于他的事业，他自然有好多可说的。但在某些场合，人们实际上是想问，他对他的生命到底做了些什么。

　　他对自己的生命做了些什么呢？他确实做过研究者、钢琴家和作曲家。更别提丈夫和关切的父亲……

　　没错。研究。或更明确地说，他在科学和艺术工作间不愉快的平衡。他的音乐作品都比较小，那些稀疏分散的作品总的说来是在假期里添加的。换句话说，他为了那些随便其他什么人可以替他处理的民族音乐研究，牺牲了自己的独特艺术。

　　是的，是斯特拉文斯基① 的声音在责备。这很伤人。

　　说是那漫长、集中的在村里记录的日子，已被允许偷走一个作曲家原本需要的时间中的大部分。巴托克不够无情。

　　这他可真得抗议。人们忘了艺术家也是要养家糊口的。难道他该试图在音乐会和版税上蒙混过关？那意味着他让家人挨饿。研究工作毕竟给了他经济保障。现在他已给构成了这样——他必须明白他有固定收入，不能太少，以便有余力作曲。

　　斯特拉文斯基耸耸肩：你还是那么个小资产阶级，

---

　　① 伊戈尔·费奥多罗维奇·斯特拉文斯基（Igor Fyodorovich Stravinsky，1882 年 6 月—1971 年 4 月）俄国作曲家，革新过三个不同的音乐流派：原始主义、新古典主义及序列主义。被誉为音乐界的毕加索。

贝拉。那音调好像这真是个审问。

他变了态度，拉过张椅子，跨上去，胸抵着椅背：天哪，贝拉，在后人的责备中你还没察觉到爱吗？未来当然爱你，为你的一生经历那么多折磨和斗争，甚至都没让你体验到作品的胜利而痛苦。所以才痛心你很少公平地纵容自己的天才，却帮助了那么多其他的人。

巴托克感觉到焦虑在体内升腾。是因为他觉得那些充满爱的责备是有道理的吗？

不，他为自己辩解。那些在将来的某个地方责备他的挥霍、他以作曲为代价的对研究的偏爱的人，他们不明白。他们以为多年来他坐在书桌边尘埃的静默里，尽责地在他的材料里找寻。他们一点没料到研究带给他的快乐。在村里的日子是他一生最幸福的时光，那些他学会热爱的农人带着他们的呢喃、他们的调子、他们的小提琴乐段，在此后的工作中总环绕在他的周围。他不需要从纸上抬眼以感知他们的存在。他感觉到鼻孔里壁炉的烟，察觉到睡梦中的马皮肤的抽动，享受过沉寂以及村庄上罩着的宏伟而平和的天空。而现在，当人们抱怨他对所保护的做出的努力，他听到他们立即惊讶而气愤地咕哝着，摸索他们的干草叉。

斯特拉文斯基不明白，收集材料的工作和艺术创作能赋予同样的满足——并且走向类似吗？它其实是同一枚硬币的另一面。这两种情形下，想法都是从未知而来，以同样慑人的光芒照亮了工作的天空。耐心的贡献伴随着发展、测试、合成以及……

斯特拉文斯基在椅子上的重心前移，把两个手掌拍在桌上：是这样吗，那么除了一群专家之外，对这样的研究，世人会觉得有什么乐趣呢。他是无情的。他伸出指头，就像指点一个错过了弹奏的单簧管手。巴托克错误地管理了他的天才。他本该把全部都用于自己的音乐。

此外，巴托克的行为不是一个人的对抗世上最强大帝国的战斗吗，这能有效果？他是想拿民间音乐的研究来对抗残酷的军队吗？

巴托克感觉到愤怒顺着手指而下。批评有没有想过，他的音乐创作会是什么呢，倘若不是有那些来自匈牙利、罗马尼亚和斯洛伐克乡村的丰富资料在底部——不只是对一群农妇的歌以及民间琴师演奏的录音，而也是仔细的分析和系统化阐释了乐调真正的性格和可能——让他自己超越所有琐碎的对旋律的借鉴，从民间音乐自身的底子上创造出新音乐？

　　逗留于对话间的农人要验证他的陈述。他从没有偷他们的音乐。他蜷缩着以进入他们的音乐，努力从内部理解它的起源和性格。忙于把 A 弦调成 G 弦音的小提琴手同意地点头——巴托克拥抱的不是他的主题，是其中的语言本身。是从如村里人那样感受和思想的方式中，他创造出了自己的作品。

　　像是个胜利的确认，未成文的给管弦乐团的协奏曲再次闪烁，现在是严肃的，对照于适才的嘲弄。这是纯粹的民间音乐的道路——没有一个对农人的歌及小提琴曲的引用。但最重要的是，这是一个似乎终于赋予所有那些逝去的和被驱逐的以声音的作品。时而闪烁着一首挽歌，它将他个人的悲伤拓展到普遍的层面，时而从一首浓缩了全欧洲悲剧的哀伤歌曲中谱出几个节拍——以达到一个图景，那未驯化的生命终有一天会打败那个毁灭性的帝国。在这一切之中，人们的音乐记忆呼吸着。这记忆让现在的统治者偷偷害怕。

　　现在他是第一次得知远方的听众，那些将在他死后，一遍又一遍倾听这个作品的人。他听见他们远远的无休止地鼓掌，在座位上站起，在激动中跺脚、尖叫、吹口哨。数不清的群众通过他的音乐进入到和数不清的、他乐调背后的一切的密切接触中。

正是如此。他们认识到了联系。他们体验乡村音乐如何进入他的音乐。也通过他抵达他们。

是作总结陈词的时候了。未来的批评不该只是注意到他作品的节俭。该问自己，这样的创造如何会是可能的。假设他在离开布达佩斯前已经着手的新的音乐艺术，现在假设，在命运追上他之前，会成为他的最强大的作品之一，没有研究投注于原始材料的工作和激情，这作品会是可能的吗？

斯特拉文斯基叹口气，查看了自己手上的老人斑。桌子边的陪审团直直地看着空中，似乎审判日的这一断片已完全走过。

那么审判呢？巴托克环顾四周，在普罗旺斯的暮色中，他没发现哪怕一张严厉审判的脸。

自然。他自己能表述检察官的指控和被告人的辩护——他知道令人作呕的辩论。但没有人能看到自己的审判官。

只是现在，他才想起，蒂塔这段时间一直就坐在他对面。不，她还没撤回到她自己。温暖的闪光在她眼里，一个微笑留在嘴角。她看来像是她能回答他刚说的话。好像自打他上一次转向她，不过隔了几秒。

"你不是要跟我干杯的吗？"她问。

他有些困惑地抬高自己从未放下的杯子。

这所有的一切真是只花了几秒钟吗？就像是梦的图景的系列，由外在的某个冲击惊醒，事实上，就存在于醒来的那个瞬间里。

他的耳边还回荡着广场另一侧，一辆汽车刹车，轮胎发出的刺耳尖叫。似乎那两个帽子遮着前额的男人从他们黑色的雪铁龙车里监视他，不过是刚才的事。

同时，他闲着的手开始摩擦粗糙的桌布上洒落的盐粒。手指无意间似乎作了占领势力的事：这里，未来不会生长。

在延长了的片刻之后，两个密探爬出了车，以断然的步伐接近。他们要逮捕饭店老板娘汇报的匈牙利难民吗？巴托克一半站起身来，尖锐的回应就在嘴边，但蒂塔拉住他胳膊，把他拽了回去。

两个黑衣人中的高个子带着轻蔑的礼貌说着些什么。他说的法语带德国口音，这他并不想隐藏。但巴托克太愤懑，没听明白这些家伙的差事到底是什么。他感到手指关节间尖锐的疼痛，好像虎钳真地拧紧了一圈。

那另一个，带着同样讽刺的恩典重复说："请问你们此行的目的是什么？"

"一个……一个在美国的巡回音乐会。现在就和春天一样。"

那人死盯着他看了好一会。目光像是疑惑：那么，这需要 300 公斤的行李吗，确切地说，310 公斤。

唯一能辩护的是说，巡回音乐会需要很多服装和乐谱。

那又怎么样呢？无声的反对在继续。据我们已了解的，不过是和 11 月 3 日纽约的一场音乐会有合同。巴托克先生打算在他出场时换多少衣服呢？更别提那晚上他显然打算提供给观众多么丰富多彩的节目。

"音乐家！"带着眼里危险的闪光，那人总结说。

巴托克预感到要来的一切：就是说，他为没给列入"颓废音乐家"抗议过。他到底是指什么？答案是显然的——他的信是对艺术自由的防御。艺术自由？这是什么样的形而上学？这要求是种侮辱。一个冒犯的挑战，相当冒犯。

巴托克不由自主地抽了抽肩膀。

那人的目光变硬。并且，现在它说："要是我处在你的位置上，我不会这么从容。你已经要求了够多的了……尺寸和步骤，你明白我的意思吗？"

巴托克明白那意思。他感觉到一阵哆嗦一直到腹股沟。

那人还是直视着他，并不回避眼里冒出的火焰。巴托克明白他无声的责备：你们自然是……你们是怎么说的，"自愿的犹太人"，而犹太人，你们知道，禁止出境。

巴托克瞥了一眼蒂塔。她似乎就要哭了，她的手直发抖。

巴托克不明白这意味着什么吗？当然，和他的犹太朋友们的团结——那些没有正当理由却遭驱逐的人。那么？他因此谴责了他们的行为？违抗种族法。他明白他得支付什么代价吗？

那人真这么说了吗？巴托克不能肯定。他竭力试图回答指控，但给打断了。那两个黑衣人要看巴托克夫妇的证件。

"当然。我们有所有的证件在这儿。"

他们中的一个故意缓缓地翻看巴托克的护照，每翻一页都用怀疑的眼光扫向巴托克的方向。先前旅行的印戳逐渐褪色。一页又一页，护照试图记录的生活变得越来越没有实质。检查者展开有照片的那一面，把带着照片的护照放在桌上，无助地看着一个又一个桌边的人。然后，他将可能是巴托克在桌布上碾动的盐撮起来，用中指按在照片上，然后吹走棉绒和盐的残留物。他把持着明显褪色了的图片，直到那激烈的目光变得缓和。

"我想你明白。"他的短促的笑声说。

是的，巴托克明白。他明白他的对手知道多少。世界摇摇晃晃。

另一个人用手指着巴托克的方向，那手势是说：更多！巴托克不情愿地交出票。

同伙擦亮了火柴，巴托克喘气——他已看见票点燃了，卷成黑色。不，男人点的是烟。另一个人把票抓在手中，一个动作，说："你们是想离开我们。你们感觉不到对欧洲音乐的责任吗，新的特定种族的音乐艺术？"

男人摇了摇假装苦恼的头。

他不打算还票了吗？嗯，现在，他把票随便地扔在桌上。巴托克果真以为这破票能把他从这里带走吗？真是天真！你们就旅行好了。你们会吃惊地发现你们还是留在这儿。

最后一句话，而那人似乎根本没动嘴唇。

当这两个男人说笑着走回汽车，巴托克意识到，这两个皮肤粗糙的士兵不管怎么说，成功地嗅着，进入了他的焦虑。他可以自由旅行。但不得不留在这儿。

那些无意义已经触及了他——他的生活就像许多其他的他们能进入的一切已被切割。抵抗者已被削弱成没有色彩的决心和贫血的迟疑，削弱成同样不可捉摸的战斗精神同样无法听见的逃离冲动，都和自由一起旅行。同时，就像他的切割了的物质的真实，那乡村的节奏，尖锐的声音和泥土的确切性，被判决在夜晚的微风中和树叶及沙子一起飞舞。直到停留在这里。

蒂塔在恐慌中抓住他的手。她惊惧的脸几乎透明。

当他试图让她平静，他的凝视落在她还打开着的护照照片上，黑衣人留下的照片。她小小的心形的脸在照片上，黑麦颜色的辫子环绕着相片，保持着毫不怀疑的安全。印戳的丙胺只轻轻地碰了碰她的下巴，一个微妙的，关于那始终存在的权力的提醒。

蒂塔的手还没停止颤抖。她的发白的脸，和护照上的那么不同，还没找到现实。她不坚强，而这也让他担心，这事件会完全剥夺她的沉着。

在一个闪电般快速的视觉中，他看见她孤独地在医院的走廊徘徊，蜷缩在要隐身的尝试里，带着对远处绝望的凝视。新大陆的压力对她来说显然是太重了——对男孩的担心，不足的收入，不习惯的一切里的不安，杂乱的环境，音乐会组织者的傲慢的冷漠、无情、愤世嫉俗的业务实践，表面看十分友好和亲切的社会里玩世不恭的商务实践。到这会儿，她可能已尝试了所有可能的工作以贴补家用：秘书工作，打字，私人课程，随便什么。但谁愿意雇一名几乎语言不通的匈牙利钢琴家呢？她持续的自我怀疑，伴随着被迫的无用武之处以及挥之不去的担忧，让她病倒了。或许也造成了他们之间的裂缝——自然，在他身边，她只有小小的空间。然后，和往常一样，她试图用占据更小的空间来回应，进入一个角落里，蜷缩在一个比拳头还小的空间里。无表情地注视远处。就像现在。

她不能从她的匈牙利边框里给撕出去。

他没法摆脱她在除菌的医院门廊里的身影，蜷缩在门后，弯曲的臂膀抬起来作为保护，洗去的、假装并不存在的脸。她为他们的出逃付出了高昂的代价。

扯掉他们在故土的根可从不是他的意愿。布达佩斯特的公寓还在那儿，朋友们还期待着有一天欢迎他们回家。10 月 8 日的告别音乐会已延续到几年之后——在野兽时代之后。因此，他们只带了些最必须的用品。他的生活还是环绕着那公寓里的家走着。

步子，成了陌生人的。

他们这样离开的可怕之处是，那暂时和不知不觉的会成为终结的。他到底是带着他的记录。有农人音乐的行李明白，这不是个暂时的远足。行李明白，这是在走向流放的路上，一个没有归程的流放。它读出了他的想法：

我得离开欧洲。

只有这样，我才能清楚地表述欧洲。

蒂塔惊恐的面孔刚认识到暂时的成了终结的。刚刚将盐粒碾进贝拉照片的手指已完全弄清——这是一个不归的旅程。

但同时，一个迫使人停留的旅程。一个旅程，把人撕成两半，一半有限制地旅行，一半留在原地。

并且，旅行直接进入孤独。他们会是比两个空洞的匈牙利名字更多的什么吗？他还能有足够的东西把她藏在他西服外套的底下吗？

这让他想起他在自己的音乐中也是多么孤独。现在，未来的某处，抗议在噼啪作响。是的，但这确实是真的。一度，可能是十年以前，他能欣赏勋伯格①，让十二音调的段落出现在自己的作品里。但他的根首先是在民族音乐，那是无调的刹车。是在农人的音乐语言里他有了自己的家——这让他和现代音乐疏远。斯特拉文斯基，勋伯格以及亨德密特②都在新大陆找到了他们的位置。他自己是个无足轻重的局外人，得留神外头的风。

---

① 阿诺德·勋伯格（Arnold Schönberg，1874年9月—1951年7月），后改姓氏写法为Schoenberg，奥地利作曲家、音乐理论家、教育家、画家、作家。1933年，纳粹指责其音乐颓废，把身为犹太人的勋伯格赶出其任教的柏林普鲁士艺术学院，此后勋伯格定居美国。

② 保罗·亨德密特（Paul Hindemith，1895年11月—1963年12月），德国作曲家、中提琴家和指挥家。作品曾遭纳粹禁演。后定居美国。

看来他能够逃离，但这是个在敌人前提下的逃离，同时是被准许的和被停止的。随身带着的，期望能在逃亡中生长和成熟的那片欧洲，给损耗成了一个概念，微微闪烁着盐的残留物。他扣在外套里的他自己的生活，沉默得就像那对秘密新婚的夫妇，它已被无情的指头篡改和刮掉，直到它开始类似于暴露的人类困境——一个永恒的流亡——而它是感性的愉悦，土壤的气味和坚决伸出的努力握手以及遭到旅行禁止。

他能用同样的眼睛去追踪自己的乐谱吗？他能感知那些和弦，如同他弹奏自己的吗？

欧洲已经天色向晚。夜晚给劈成这空洞的字眼"夜"和一个无法捉摸的降落的暮色。只有那要上路的人能到这里。他在路上。

但无意义触动了他。他给分裂成旅行着的抽象的绝望和滞留着的粗朴的音乐，未写好的，得走它们自己的路的行李。能耽搁很多年直到它找到他。

他在路上。

并且不在路上，还没有。

译后记

王　晔

　　是去年早春的一个夜间，陈文芬女士打通了我的电
话。电话的那一头，她和马悦然教授（Göran Malmqvist）
问我，是否有兴趣翻译谢尔·埃斯普马克（Kjell
Espmark）先生的作品。我有些犹豫，一来我不想让手头
的书写计划停顿。二来，对埃斯普马克先生，我读过这
位名教授精彩的学术论著，还引用过，但对其作为诗人
和小说家的文学作品缺乏了解。马先生夫妇随即寄来多
本他们收藏的埃斯普马克先生的作品。马先生说，其中
的《巴托克：独自对抗第三帝国》一书距作者的心特别
近，是部小说，但他也乐于将之看作精巧的散文诗。隔
了一日，马先生又说，还是得由译者自选文本。给我的
唯一建议是，假如决定译诗，最好回避选录，以翻译某
一整本为好，因为埃斯普马克先生的诗集，全集往往有

综合考量，篇章间有密切联系。最终我选了写巴托克的这部小说。我尊重和作者本人特别熟悉、曾将其诗歌译成英文的马悦然先生的判断。也因为，马先生提及，埃斯普马克先生特别喜欢小说《格拉斯医生》，我从《巴托克：独自对抗第三帝国》一书中也察觉到了这一点。

埃斯普马克的书在中国，先有李之义先生翻译的《诺贝尔文学奖内幕》，再有李笠先生翻译的诗歌集《黑银河》，去年开始，更有万之先生翻译的小说《失忆的年代》，七部曲现已出到第二部，《失忆》和《误解》。中国读者对埃斯普马克的文字应该说已不那么陌生，并有自己的体会和判断了。加之这部关于作曲家贝拉·巴托克的小说的中译本，附有作家夫人、学者 Monica Lauritzen（莫尼卡·劳瑞琛）女士颇具独特视点的解说，对作品的文学风格，我就不赘述了。

在翻译过程中，埃斯普马克先生一直十分亲切地表示，欢迎一切的提问，没有比译者更细致地琢磨每个字眼的了。马悦然先生更是始终对中文版的面世十分关心。我每翻译几章就将译文发给他审阅，百忙中的马先生都在第一时间回复。我等于是做了一个课堂编制外的学生。从中，我深切体会到一个语言学家、老翻译家的严谨和对文字的巨大热爱。假如必要，他绝不会放过对一个标点、一个语气词的推敲。他是严格的，目光锐利的，但从来都不吝赞许，对要推敲的地方总是特别亲切地说，这只是个建议。这些让自以为已提了十分小心的我，既惭愧又深感幸福。我也领略到一个老翻译家对翻译工作由爱而生的骄傲和责任，这让本无意于文学翻译的我，对这份"活计"有了新的认识，甚至新的激情。

最后，还是感谢。感谢在本书翻译过程中给我极大帮助的 Niklas Nilsson 先生。感谢瑞典艺术委员会（Swedish Arts Council）提供翻译资助。感谢上海世纪文睿出版公司总编辑、著名出版人邵敏先生，副总编辑、作家和本书的责任编辑林岚女士对瑞典文学的一贯支持。感谢陈文芬女士、陈安娜女士、李玉瑶女士、Johanna Svensson 女士、万之先生、张小强先生、李皖先生、Stig Martinsson 先生的关心。

2013 年 3 月 26 日写于隆德

图书在版编目(CIP)数据

巴托克:独自对抗第三帝国/(瑞典)埃斯普马克
(Espmark, K.)著;王晔译.—上海:上海人民出版社,2013
ISBN 978 - 7 - 208 - 11862 - 1

Ⅰ.①巴… Ⅱ.①埃… ②王… Ⅲ.①长篇小说-瑞
典-现代 Ⅳ.①I532.45

中国版本图书馆 CIP 数据核字(2013)第 252889 号

Béla Bartók Mot Tredje Riket

© KJELL ESPMARK 2004

ISBN 91-1-301354-8

2004 年瑞典北方出版社(Norstedts)第一版

Thanks for the support from Swedish Arts Council

世纪文景出品
Century Literature

出品人 邵 敏
责任编辑 林 岚
助理编辑 王逸蕴
封面装帧 范乐春

巴托克:独自对抗第三帝国

[瑞典] 谢尔·埃斯普马克 著

王 晔 译

世纪出版集团
上海人民出版社出版
(200001 上海福建中路 193 号 www.ewen.cc)
世纪出版集团发行中心发行
常熟市兴达印刷有限公司印刷
开本 787×1092 1/32 印张 4 字数 58500
2014 年 1 月第 1 版 2014 年 1 月第 1 次印刷
ISBN 978 - 7 - 208 - 11862 - 1/I·1190
定价 20.00 元